岩波現代文庫／社会 258

大人になることのむずかしさ

〈子どもとファンタジー〉コレクションV

河合隼雄
河合俊雄［編］

岩波書店

目　次

第一章　青年期のつまずき

子どもが大人になるということは、現代社会においては、なかなか大変なことである。そして、その大変な中間期間として、青年期というものが存在している。ある高校生は、自分の両親は自分に何かをやらせたいときは（たとえば、親の仕事の助けなど）、「お前はもう子どもではないのだから」というくせに、自分に何かをやらせたくないときは（単車に乗ることなど）、「お前はまだ大人ではないのだから」という、まったく勝手なものだ、と憤慨していたが、これは青年としてはもっともな気持であろう。しかし、また大人の方からいえば、もう高校生なんだから、もうちょっとしっかりしてくれなくては、という気持がはたらくときと、そんなに偉そうなことといって、まだ子どものくせに大丈夫かな、と思わされるときと、両方あることも事実である。そのような難しい時期にある青年に、大人はどのように対するといいのだろうか。

本書は親・教師、などの大人を対象としているものである。したがって、問題をかかえたり、つまずいたりしている青年に、大人がどのようにかかわってゆくか、ということが課題となっている。しかし、本書では、大人がどうすればよいか、という視点よりは、青年たちはいかに苦悩しているか、という視点にたって書きすすんでゆきたいと思っている。後者に対する深い理解がなくては、前者に対する答が出て来ないからである。したがって、本書は大人が青年をどう「取り扱うか」について述べるハウ・ツーの書物ではない。現代のわが国の青年の直面している問題を、共に考えてゆこうとするものである。そのような姿勢をとるとき、われわれは自分が完成した「大人」として、未熟な青年をどう取り扱うかなどということではなく、「大人とは何か」「自分はいったい大人なのか」などという問題が自分自身につきつけられていることを感じとるであろう。そのような問題意識をもって、「大人になること」について共に考えてゆこうというのが本書の狙いである。

筆者は心理療法家として、多くの「つまずき」を体験した青年や、それをとりまく大人の人にお会いしてきた。本書では話を解りやすくするため具体例もあげることがあるが、職業上の守秘義務のため、ある程度の変更がほどこしてあることを、はじめにお断りしておきたい。なお、青年期の課題について述べるので、一応、高校生から大学生くらいの青年を対象として考えてゆくつもりである。大学生はもう大人だという考えもあるが、後にも述べるように、現在は大人になることもなかなか大変であり、大学生を青年として考えても、あまり無理はないであろう。

青年期には誰しもいろいろな「つまずき」をする。「つまずき」をしないものは青年ではない、といってもいいかも知れない。そのような「つまずき」をどのように考えればいいのか、具体例によって述べることにする。

1　家出する高校生

「家出は非行のはじまり」などという言葉がある。確かに非行を犯す少年たちの転落のはじめが家出である、という事実は多い。少年たちは別に犯罪を犯す意志などなく、ともかく「家出」をするのだが、その結果として悪に染まってしまうことが多いのである。したがって、われわれ大人は子どもが家出をしないように、それを防止するように努力しなくてはならない、ということになるが、事実はそれほど単純なことではない。次に実際の例に即しながら、家出の問題を考えてみよう。

模範生の家出

ある時、緊急に相談したいことがあるからということで、中年の御夫婦が訪ねて来られた。御夫婦とも初対面のときから、好感のもてる人で、社会的な地位も十分にあることが察せられた。ところで、その相談というのは、高校生の一人息子が突然に家出してしまったというのである。これは両親にとってまったく予期しないことだったので、相当なショックであることが感じとられた。

その話を要約すると、次のようなことであった。この両親は「自分でいうのも変だけれど、教育熱心で理解のある親」として近所でも、学校でも評判だった。それでPTAの役員などには常になってきたといえるほどである。息子も小さいときから模範生で、勉強はできるし、品行はよいし、誰に対しても素直であって、親にとって自慢の子であった。それが突然に家出してしまったのだから、ショックでものがいえないほどだったし、今でも本当に家出をしたのか半信半疑なくらいであるという。親として反省すべき点は、よく勉強ができる子だったが、中学二年生くらいから少し成績が悪くなってきて、しかもそのときに空手部にはいりたいといいだしたので、成績がよくなったらはいってもいいということで断念させたことである。それ以後、成績はもとにもどらなかったが、自分たちは別に学校の成績がそれほど大切であるとは思わないので、勉強の無理強いをせず、自分の力相応の大学に行き、家業を継いでくれるとよいと思っている。自分たちは学校の成績よりも人間性の方が大事だと思っているので、息子が成績の上では大したことなくても、品行の上で模範生であることで、満足していた。こんなわけだから、いわゆる教育ママ的に、勉強を強制したことはない、と強調されるが、私も話をお聞きしていて、それは本当にそのとおりであろうと感じられた。

このように聞いていると、この両親はまったく「よい」両親であり、子どもも「よい」子である。それにもかかわらず、家出などということが生じてしまった。そして、この両親が私にいわれたことは、「これはおそらく自分たちの気のつかない悪いことを、子どもに対してしてきたのに違いない」「そこで、何も包み隠さずに話をするから、自分たちのどこが悪かったのか率直に忠告してほしい」とのことであった。

この御両親の話を聞いて、私は次のような二点について指摘をした。まず、第一に「子どもが悪いのは親が悪い」と単純に信じすぎていないだろうか。現在ではしばしば親がよくても子どもが悪くなることもあるし、親も子もよくても悪いことが生じることもあるのである。次に、「家出」を悪いことと決めこんでいるが、果たして家出はそれほど悪いことであろうか。家出とは何かということについて考えてみたことがあるのだろうか。このような私の指摘に対して、両親はまったくけげんな顔をされるだけであった。そこで、第一の点は後で考えることにして、この両親と共に、われわれも「家出とは何か」について考えてみることにしよう。

家出とは何か

「家出とはいったいどういうことでしょうか」という私の問いかけに対して、答に窮しておられる両親に、私は「家出とは家を出るということです」と申しあげた。「家出」というと聞こえが悪いが、「家を出る」というとそれほど悪くは聞こえない。それどころか、人間は本当に自立してゆくためには、一度は家を出ることが必要ではないか、とさえ考えられるのである。

実のところ、後で解ったことであったが、この高校生は、家で甘やかされてばかりでは駄目になると思い、早く一本立ちするために家出を決行したのであった。両親に対する甘えを棄て、一人で社会に乗り出し一人前になった暁には、両親を呼んで安楽に暮らさせてやりたいという雄大な意図をもって彼は家を出たのであった。何とも素晴らしいことではないだろうか。ただ、われわれとしてはこの素晴らしさに全面的に感嘆しておられないのは、この雄大な意図が何らの現実的裏付けをもっていない、という点にある。手放しで喜んでばかりはいられないにしろ、われわれ大人は、この青年の行為に含まれるプラスとマイナスの両面をよく認識することが必要ではなかろうか。われわれが家出＝悪、という簡単な図式に縛られてしまっていると、この高校生の家出の意図に含まれるプラスの面を見落してしまい、その後の対応を誤ってしまうのではなかろうか。

さりとて、もしこのような高校生に家出の意志を打ち明けられて、その雄図に感心して援助したりするのも馬鹿げた話である。現実の裏付けのない雄図は、まず挫折に至るものであるし、それに対する対策も考えず、一緒に喜んでいたりすると、後で取りかえしのつかないことになってしまうだろう。

何かを絶対的な善にしたり、絶対的な悪にしたりして行動することは簡単なことである。むしろ、善悪の相対化のなかで、その両面をよく認識し、それに正面から立ち向かってゆくことによってこそ、事態がひらけてくるのではなかろうか。このように考えてくると、青年の犯す「つまずき」というものは、思いの外にプラスの面を含んでいることが了解されるであろう。われわれはあらゆる事象に対して、単純に善悪の判定を下す前に、その意味について深く考える必要がある。それを見出してゆくことによってこそ、われわれの態度も決まってくるのである。

家出の意味を考えることによって、模範生が急に「悪く」なったとうろたえていた両親も落ち着きを取り戻し、どのように子どもに接してゆくべきかをゆっくり考える余裕が生じてきた。そこで、この両親がどのようにされたかについて述べる前に、もう少し一般化して、親と子の関係について考えてみることにしよう。

2 不可解な子ども

この家出をした高校生は、実は親類に立ち寄ったために、両親からの通報で家出のことを知っていた親類の人に足止めされ、両親がそこに取るものも取りあえず会いに行ったのだった。ところが、息子は一部屋に閉じこもって両親に会おうとしない。模範生と思っていた子が両親に対して、「この部屋に一歩でもはいってくるな！」と怒鳴るのを聞き、両親はなすすべもなく私のところに相談に来られたのであった。そのときの辛さを思い出して、母親が「今までは手を伸ばせば、手の届くところにいると思っていた子どもが、いくら手を伸ばしても届かない、別の世界に行ってしまったように感じる」といわれたのが、印象的であった。今までは同じ世界のなかで暮らしていると思っていたのに、息子は別の世界に行ってしまった。親子の間に断絶が生じたのである。

しかし、それは本当に「断絶」だろうか。親子の絆というものは、予想外に強いものであって、それはなかなか簡単には切れぬものである。本人たちは「断絶」したと思っていても、それは思いがけない形で、ねじれたり、まとわりついたりしているものなのである。われわれは単純に「親子の断絶」とか、「世代間の断絶」などという前に、その点についてもう少し精密に考えてみる必要があると思われる。

こんな話を、中学生の息子をもった母親から聞いたことがある。息子がめずらしく一緒に映画を見にゆこうというので喜んで行くことになった。二人で楽しく話し合いながら歩いていたのに、途中から息子が急にものをいわなくなり、映画館では離れた座席に坐って、別々に見ようという。息子の希望どおりしたものの、なぜ息子が急に不機嫌になったのかが解らない、何か変なことでもあったのかと気が気でなく、映画も落ち着いて見られなかった。帰宅後は息子の機嫌があんがい良さそうなので、夜になってからなぜあんなに態度が変ったのかを聞いてみた。すると息子は、映画館への途中で、苦手な同級生たちに出会い、彼らも映画を見にくるところであることが解った。「中学生のくせに、まだ母親とひっついている」と、後でからかわれると思ったので、急に母親から離れたのだという。

このようなことは、中学生くらいにはよくあることだ。母親と一緒に行動するのがうれしいような気持をもちながら、一方では、母親なんかまったく意に介さないことを周囲の人に見せつけたい気もある。彼らはそれをどう表現していいのか、とまどってしまう時もあるし、ここに示した例のように極端に態度が変化して、母親を驚かせるときがある。この例でいえば、母親が息子に後で事情をたずねてみたのはいいことである。もちろん、それをたずねるタイミングも少し大切であるが、このようにして確かめることによって、息子の気持が理解できるし、少しのことから、自分は子どもに嫌われていると決めこんだり、子どもの気持は解らないと悲観してしまって、それ以後の親子関係をますます難しいものにしてしまうのを防ぐことができるからである。

その点はともかくとして、しばらくの間にしろ自分の子どもの行為を「不可解」とこの母親が感じたことは事実であろう。家出少年の母親はそれをもっと強く感じたであろう。それが、近頃増加している家庭内暴力の例などであれば、母親にとって子どもの行動は不可解の一語につきるであろう。われわれ臨床家は、このような母親から、「うちの子は気がちがったのではないでしょうか」という質問を受けることが、しばしばある。母親にとって、息子はどこか「よその世界」に住んでいるように感じられるわけである。

後にも詳しく述べるように、子どもたちは成長するためには母親から離れていかねばならない。そのためには、彼らは何らかの意味で、一時的には母親とは異なる世界に住まねばならないのである。そのとき、主観的な体験としては、親子の絆が切れたとか、親子の断絶とか感じるかも知れない。しかし、その後に両者が少し努力を続け、自分自身をよく見てみるならば、一時的な切断は絆の質を変えるためのものであったことが解るであろう。この点は、家出した高校生の例によって、後にもう少し具体的に語ることになるが、親子の絆は切断と修復の繰り返しによって、前よりも深いものへと変ってゆくものである。われわれが絆の強さの方にとらわれすぎると、それは相手の自由をしばるものになりがちである。深い絆は相手の自由を許しつつ、なお絆の存在に対する信頼をもつことができる。しかし、われわれは絆を深いものとするためには、切断の悲しみを経験し、それを超える努力を払わねばならぬようである。

切れた絆を修復するというのは簡単であるが、それを行うことは実に難しいことがある。修復しようにも、既に述べたように息子が「手の届かない世界」、「よその世界」に行ってしまっていて、何とも仕方がないと感じられることも多いのではなかろうか。どうして、このように急激に不可解な現象が子どもに生じてくるのであろうか。

親の世界・子の世界

人間はそれぞれの世界観というべきものをもっている。「世界観」というと大げさに聞こえるが、われわれがこの世のことをどのように見るか、ということがすなわち世界観といってよい。はじめにあげた両親の例でいえば、この人たちにとって、子どもというものは両親の意志に素直に従うのがよい子であるし、そのようなよい子に対しては幸福な将来が約束される。そして、その幸福とは家業を継いで安定した家庭生活を送る、ということであろう。しかし、考えてみるとこれもあるひとつの「世界観」であり、子どもについて、幸福について、もっと異なる「観点」も存在するのではなかろうか。われわれは自分のものの見方を何となく当然と思っているが、それは思いの外に人によって異なるのではなかろうか。

子どもも世界観をもっている。しかし、それは成長すると共に大幅に変化してゆくものである。大人というものは、それなりに比較的安定した世界観をもっている存在ということができようが、子どもは大人になってゆくときに「自分なりの」世界観を形成してゆくために苦労するわけである。子どもは最初のうちは、大なり小なり自分を取り巻く大人――主として両親――の世界観をある程度受け容れて大きくなってくるが、子どもから大人へとなってゆく青年期にそれが大いに揺れるのである。今まで安定していたものが揺すぶられ、破壊されて新しいものができあがってくる。このときに、既成のものの否定的な面が拡大して意識されやすいのである。

　子どもが大人になろうとするときは、したがって、今まで自分を守り育ててくれていた両親の否定的な面が急に見えてくる。しかも、それは映画のクローズアップのように拡大されてくるのである。それよりもむしろ、子どもは現実の親の姿を見ているのではなく、自分の心の中の親のイメージを見ているといった方がいいであろう。

　現実の父親・母親ということを超えて、父なるもの、母なるもの、とでも呼びたいような超個人的なイメージが、人間の心のなかには存在しているようである。われわれ大人でも大自然の懐のなかに抱かれているように感じるときもあるし、雷に打たれたように己の非について自覚することもある。そのようなとき、われわれの心のなかではたらいているのは、個人的な母や父を超えた、もっと偉大であったり峻烈であったりする存在のイメージではなかろうか。このような心のなかのイメージは、われわれの現実の体験と呼応して起こり、その体験にいろいろな増幅現象をもたらす、ともいうことができる。たとえば、気が弱くなっているときだと、少しの親切をしてくれる女性が慈母の如く感じられたり、少しの叱責を受けただけで、相手の人間を悪魔のように感じてしまったりする。

青年期は世界観の著しい変動を経験するときであり、このため内なるイメージの影響を強烈に受ける時期である。ここで特に注目すべきことは、母なるもののイメージである。これは単純に割切ると肯定的、否定的、の二つに分けることができる。肯定的な方は、あくまで子どもを受け容れ、養い育てる慈母観音のような姿であり、否定的な方は、子どもを捉えて離さない力が強すぎて、子どもを拘束し、極端なときは、子どもを呑みこんでしまう山姥のようなイメージである。既に述べたように、子どもに自立の傾向が高まるときは、両親の悪い面が拡大されて見えやすいし、それに、ここに述べた内的なイメージが作用してくると、両親の像は現実とは相当に異なったものとして、子どもに見えてくるのである。

たとえば、母親にすれば「親切に」、雨が降りそうだから傘を持っていけばよいといっただけであるのに対して、子どもの側からすれば、自分の行動を支配し、監視する「うるさいやつ」と感じられるのである。そこで、内的なイメージが強く作用すると、母親が自分を呑みこんでしまう魔女のようにさえ見えてくる。家庭内暴力の事例などで、普通のことをしているのに、子どもが暴力をふるったと、母親から報告されることがよくあるが、それは上記のような考えによると納得されるのである。

今まで述べてきた家出高校生の例でいえば、両親や一般の大人から見れば、理解ある教育熱心な親をもつ恵まれた家庭ということになるが、子どもから見れば、それは彼の自由を拘束する牢獄のように思えたのである。だからこそ、彼はそこから脱出しようとしたのだ。親の世界と、子どもの見る世界の差について、われわれ大人はよくよく知っている必要がある。さもなければ、大人は子どもを不可解として突き放してしまうか、時には精神病などというレッテルを貼りたくもなってくるのである。

3　両親の反省

話を最初に述べた例にもどすことにしよう。前節にはやや一般的な考え方を述べたが、このことは、実のところ、家出をした息子さんを理解してもらうために、私がこの御両親に説明したことなのである。非常にもの解りのいい御両親だったので、こちらのいうことをよく理解され、いろいろと反省すべき点を自ら述べられた。（ちなみに、これはこのようにもともと話の解る人であると判断したので、私も説明を試みたのであり、もっと困難な場合では、われわれは解ってもらえる「時」が来るまで、随分と待たねばならぬことが多い。）次に、両親の反省と、その後の経過について少し述べてみよう。

よい子とは何か

この両親がまず反省された点は、「よい子」とは何かということであった。大人が子どもを「よい子」というとき、親や教師の言いつけによく従う子というイメージが強く、それは極言すると、大人にとって「都合のよい子」ではあっても、自主性と責任感をもった大人として成長してゆく上では、むしろマイナスの面をもつのではないだろうか。真のよい子は、自分自身の判断力を身につけていなければならない。

このようにいうことは簡単であるが、実際のこととなるとなかなか難しいことが生じてくる。自分自身の判断力を身につけるためには、子どもたちは、ある程度は、自分の判断によって行動し、その当否を自らの経験によって確かめることをしなくてはならない。人間は何といっても経験を通じてしか学べない面をもっているし、深い知恵をもつためには、それ相応の痛い体験をしなくてはならないのである。この例の高校生の場合だと、親に対して従順なために、「模範生」というレッテルを貼られ――「非行少年」のレッテルもつらいものだが、「模範生」のレッテルもあんがい困ることがある――それに応じているうちに、自主性の方が伸ばされなくなったのである。彼の心のなかで何かが抑えられていることが、彼の中学時代の成績低下をもたらしたかも知れない。彼が「空手をやりたい」といったとき、これは彼の自主性が何とか表面に出てきた芽ではなかっただろうか。しかし、両親はその芽をあっさりと摘んでしまった。「よい子」、「幸福」ということに近視眼的に縛られた両親は、少しでも危険なことは子どもにさせたくなかったのだ。

抑えられていた自主性はとうとう爆発し、家出という形に顕われてきた。長年抑えられていたものが顕在化するときは、どうしても危険性の大きい形をとるものである。これは好ましいことではないが、反面からいえば、子どもがこれだけの力を出してきたことを、喜ぶべきだともいうことができる。「よい子」が真によい子になるためには、「よい子」の殻をどこかで破らねばならない。そのことに両親は気づき、反省されたのである。

悪の役割

子どもが自主性を獲得するためには、時には親の言いつけに反してでも行動してみることが必要だ。これをやってみて、子どもは親のいっていることの正しさを身をもって知ったり、深い悔恨の念にとらわれたりして、現実とぶつかりながら自主性を育ててゆくことができるのである。このような「練習」を適当に行なっていないと、抑えられていた自主性が急に顕在化したとき、家出をして一人前になろうとするなどと、現実とかけ離れた形をとってしまうことになる。いうならば、子どもが真のよい子になるためには、適切な悪の体験を必要としているのである。だからといって、大人は子どもに「悪のすすめ」などする必要はない。われわれはやはり、悪は悪として禁止しつつ、子どもの自由を適切に保障していると、彼らは自分の力で、うまく善と悪の相対化という難しい課題を、「自然に」やり遂げるものである。

しかしながら、ここに「自然に」と述べたことが、最近では難しいことになってきているという自覚が必要である。昔は、大人が必死になって子どもの悪を禁止しようとしても、子どもの数が多いし、両親ともに忙しいので、それほど子どもを監視していることができないため、子どもは適当な自由をもち、適切な悪の体験が自然にできたのであった。しかし、今は一般に子どもの数が少なく、母親の家事労働が少なくなってきている。両親の子どもに対する期待度ははるかに高くなっている。これらのことのために、大人は子どもに対する監視を知らず知らずのうちに強め、「自然」の良さを失っているのである。このために人工的なよい子とでもいいたいような子どもが、最近では増加してきたと考えられる。

ここに述べてきたことで解っていただけたと思うが、大人は子どもに悪をすすめる必要などまったくない。しかし、彼らに悪の可能性も含めた自由度を与えつつ、彼らを信頼することをしなくてはならない。そこには常に危険性がつきまとうので、これは親にとって難しく感じられるかも知れない。しかし、人工的なよい子をつくってみても、結局はそのお返しとして、より強い危険性に見舞われることを知れば、子どもたちの少々の「悪」に耐えられるのではなかろうか。

子どもを「よい子」にしようとする親は、子どものことを思って一所懸命のように見えて、自分が危険に会うのを恐れている利己心を内に隠していることが多い。この両親もこの点を反省して、子どものためを思ってよい子にしたいと努力してきたつもりだったが、実のところ、自分の敷いた路線に子どもを走らせることによって、自分はいつも安心していられるという気持があった、といわれたのが印象的であった。この両親は立派な方だったので、この点に気がつくや否や、息子のところにかけつけ、以上の点についての自分たちの反省を述べ、息子の自由を前よりももっと許し、自主性を尊重すると約束した。怒っていた息子も、これを聞くと喜んで、家に帰ってくることになった。

これですべてがうまくゆくほど、物事は単純ではない。この高校生は家出を断念して、今までどおりの高校生活にもどったものの、家での態度が変化して、前ほど「よい子」でなくなってきた。それどころか、以前と比較すると、勉強はほとんどしなくなって、ゴロ寝ばかりしている状態で、両親にとっては耐え切れぬものとなってきた。しかし、両親は「自主性」を許すと約束した手前、簡単に叱るわけにもいかず、これには困ってしまって、また私のところに相談に来られることになった。

これはよくあることである。今までは自分は子どもを束縛し過ぎて失敗した、だから、これからは放任主義でゆこう。こんなに考えても、うまくゆくものではない。子どもに対しては、叱るのがいいのか悪いのか。管理するのか放任するのか。このような単純な二者択一的な議論は、およそ意味がないようである。それほど簡単に「よい方法」が見つかるのなら、誰もがそれをしているだろう。教育学や心理学の専門家といわれる人でも、自分の子どものこととなると困っているところをみると、おそらく誰にでも通用する「よい方法」などないと考える方がいいだろう。

子どもの自主性を尊重するということは、親の自主性も尊重するということである。

親は、子どもの態度が悪いと判断するかぎり、やはりそれを子どもに伝えねばならない。しかし、これは、今までのように、親が絶対に正しくて子どもはそれに絶対に従えというのではない。子どもの自由を奪いたくはないが、さりとて、いつまでも怠けているのは困るのである。こうなると、親も一方的に押しつけるのではなく、自分の人格をかけて子どもにぶち当らねばならない。自分の今までの子育てに対する反省や、自由に対するジレンマを意識しつつも、やはりいうべきことはいわねばならないのである。

再度の私との話し合いによって、このようなことに気がついた父親は、思い切って息子と対面し、自分の気持をぶつけてみた。そうすると、息子は案に相違して、むしろうれしそうに聞いてくれたのみならず、思いがけないことをいい出した。それは、父親は息子の自由を尊重するなどといいながら、その約束をして以来いらいらとしていて、母親に対して大したこともないのに叱りつけたりすることが多くなっていた。それは、父親が表面的に息子の自由を尊重しているようにしているだけで、本当に心のなかで納得していないことを表わしている、というのである。これには父親も驚いてしまった。今まで子どもだ子どもだと思っていた息子が、ちゃんと父親を観察しており、それを的確に表現してみせたのである。

父親は少し腹も立ったがうれしくもあった。ここまで息子が成長したのかと感じたからである。父親もそこで率直に意見を述べ、父母と息子の間で互いに思っていたことを話し合うことができた。この時になって、子どもは以前よりも自主的に行動し、両親もそれによって不安をかきたてられることもなくなったのである。

家族の対話、大人と子どもの対話は、それが意味深いものであるかぎり、何らかの意味で対決の様相を帯びる。甘い話し合いばかりではどうにもならないのである。しかし、この対決は相手に勝つことを目標としているのではなく、互いの成長のためになされていること、および、その対決の姿勢は相手に対してだけではなく、自分の内面に対しても向けられていること、に特徴点をもっている。最後のところは詳しくは述べられなかったが、この対話によって、息子のみならず、両親にとっても成長がもたらされたのは事実である。

4　つまずきの意味

先にあげた例によって、息子の家出という一種の「つまずき」が、当人にとってのみならず、両親にとっても、成長への契機となったことが理解されたと思う。確かに、つまずきは飛躍へのステップなのだ、といいたいくらいに感じられることが多い。このようにいっても、それはむしろ少数で、つまずきはやはり損失だといいたい人もあろう。確かに、ここにあげた家出の例は、つまずきともいえない軽い例で、私のような臨床家は、つまずきを克服するのに数年も必要とするような例に接している。しかし、そのようなときでも、つまずきを取り巻く現象の全貌が見えてくると、「つまずきの意味」も明らかになってくることが多い。したがって、私としてはそれ相当の経験に支えられて、つまずきの意味ということを述べているつもりである。ところで、そのような意味について考える前に、いったいどのようなつまずきがあるのか、見てみることにしよう。

さまざまなつまずき

子どもが大人になるとき、そこにはさまざまなつまずきが存在している。いわゆる反社会的行動、非社会的行動として分類されるようなこと、それに病気があるし、失敗とか事故なども ある。そして、それはどう考えても自分に非はなく、なぜそんなことになったのか、運命としかいいようのないときもある。これらについて詳細に語ることはできないが、一応の概観をしておこう。

窃盗とか傷害、時には殺人にまで及ぶような反社会的行為は、青年期の前半に多い。既成のものは一度破壊して、新しいものを創り出そうとするために、青年の心のなかに生じる強い破壊傾向が、内面化されずにそのまま外に出てしまうわけであるが、年齢がすすむにつれてコントロールする力が強くなるので、青年期後期になると、そのような行動が減少してくるのも当然である。青年期後期になると、心理的には未成熟であっても法律的には成年に達しているので、この時期に生じる反社会的行為は、対処することが難しくなってくる。あるいは、その人のかかえている課題がなかなか大きいものだといってもよいだろう。

反社会的行動に走るようなことのない人にとっては、つまずきは、非社会的なノイローゼなどの姿をとって生じてくることがある。次章にそのような例をあげるが、青年期にはいろいろとノイローゼの症状に悩まされる。これはごく一過的に生じてすぐ消え去るときと、相当長期にわたって続くときがある。青年期においては、ある程度一過性のノイローゼ的症状を経験するのが、むしろ普通くらいではなかろうか。そんなときに周囲が騒ぎすぎて、かえって問題を大きくしてしまうこともある。症状としては似ていても、軽いときと重いときがあり、その判断は専門家によらないと解らないときもある。

女性に比して男性の方が反社会的行為をする率がはるかに高い。また一般的にいって、ノイローゼの重い症状は、女性の場合は青年期前期に多く、男性は青年期後期に多いことが指摘されている。ごく割切った言い方をすると、男性は大人になることを獲得するという形をとり、女性は大人になることを受け容れるという形をとるといえる。そのような受け容れは、女性の場合、身体的変化と共に青年期の前期に必要となるのに対して、男性はむしろ青年期の後期になってから、職業や配偶者を「獲得する」課題として、大人になることが体験される。このため、それに伴うつまずきが、女性の場合は青年期の前期、男性の場合は青年期の後期に生じやすいのである。もちろん、これはごく大まかな一般論としていえることである。

次に、つまずきが身体的な病気として生じることもある。現在は医学の進歩によってほとんど無くなったが、かつては、青年の結核は極めて深刻な問題であった。このために多くの有為の青年が命を失ったのである。しかし、その反面では、この病いによって深い内省体験をもち、それを大人になってゆくための大切なステップとして生かしていった人も多かったのである。病気は「身体」のことと、割切って考えられがちだが、その人の生き方全体とあんがい強い関係をもっているものである。われわれは病気の意味ということについて、もっと考えてもいいのではなかろうか。

大人になることへのつまずきとして、いろいろな失敗や事故などが生じる。試験、就職、恋愛などにおける失敗は、それらのなかの大きいものであろう。これらのことが、既に述べたノイローゼや病気などと関連して、どちらが原因とも結果ともいいかねる形で生じてくることもある。あるいは、それはまったくの「不運」としかいいようのないときもある。

問題提起

既に述べたように、子どもが大人になろうとするとき、いろいろなつまずきを経験する。しかし、家出の高校生の例で示したように、それはその背後に何らかの問題提起を持っているものである。単につまずきが生じてそれを解消したということだけではなく、もっと大きい課題をやりぬいているのである。しかも、その問題提起は本人に対してのみならず、周囲の大人に対しても向けられていることが多い。両親や教師に対してのみならず、それは社会一般に対して向けられているとさえ感じられる。極言すると、一人の青年が、家、社会、文化などの代表として問題提起を行なっているとさえ考えられるのである。たとえば、これまで一人の家出した高校生について述べたことは、わが国の現在の問題として多くの家に通じることではないだろうか。深く考えれば考えるほど、われわれは他人事としてすましておられないのである。

こんなふうに考えて人間の成長の過程を見ていると、つまずきの必然性、あるいは必要性などということさえ主張したくなる。人間の成長につまずきはつきものだと考えるのである。確かに、外から見ていると、何のつまずきもなく成長してゆくように見える人がある。しかし、よく確かめてみると、それ相応のつまずきを体験しているものである。それが内面的な過程であったり、小出しに継続的に続いていたりして、他人の目には見えないだけのことである。私は職業上、多くの人の秘密の話を聞くことが多いので、ますますこのように思わされるのである。他人から見て何の苦労もなく大人になっているように見える人でも、よく話をきくとそうではないことが多い。

大人の中には自分の体験としては、このことを知っていながら、自分の子どものこととなると、つまずきをできるかぎり経験させないようにしすぎて、子どもが大人に成長してゆく、せっかくのチャンスを奪ってしまう人がある。あるいは、子どものつまずきが親に対する重要な問題提起を意味しているのに、子どもを責め、教師を非難し、社会の在り方を嘆いたりして、せっかくの子どもの問いかけにこたえない人もある。こうなると、子どもはそのつまずきから抜け出せないのも当然のことである。

問題提起としてのつまずきは、したがって、「悪い子」や「悪い親」のところに生じるとはかぎらないことをよく知っていてほしい。よい親とよい子がそろっても、それをよりよくするためには、あらたな問題提起が必要となってくる。子どものつまずきに対して、いったい誰が悪いのかと考えるのではなく、これは何を意味しているのかと考える方が、はるかに建設的なのである。

意味を探る

ある大学生が登校もせず下宿にひきこもって、外に出なくなってしまった。このようなことが起こると、大人はすぐに「原因は何か」と考えたがる。そのときにどうしても問題を早く片づけたいという焦りがあるだけに、原因―結果の鎖を見出すのに短兵急になりがちであり、「子どもの意志が弱すぎる」ことが原因と考えて叱責する。あるいは、「大学の教官が学生に冷淡すぎる」ことが原因と考え、教官を非難する。ところが、一方、大学の教官の方では「親の過保護が原因」と考え、親を攻撃するかも知れない。原因探しはしばしば「悪者探し」となり、それも大人たちはとかく自分以外の者を悪者に仕立てようとするので、互いに攻撃し合ったり、一緒になって子どもを責めたてたりするが、問題はなかなか解決しないのである。

そこで、この学生が登校せずに下宿にひきこもっている「意味は何か」という問いを発すると(その答はそれほど簡単には出て来ないであろうが)、焦って悪者探しをする態度からは皆が解放され、その事象が早く片づけねばならぬ嫌なこと、という見方ではなく、そこから何かプラスのことを引き出せる可能性のあること、という見方に変るであろう。このように考える方が、はるかに建設的となってくる。原因―結果の連鎖を探り出そうとする態度は、ややもすると目を過去にのみ向けさせ、そこに存在する悪を見つけて攻撃したり、後悔の念を強めたりするだけで、そこから前進する力を弱めることが多い。意味を探ろうとする態度は、むしろ未来へと目を向け、そこからどのように立ち上ってゆくかという建設的な考えに結びつきやすいのである。

このようにいっても、人間は因果関係によって事象を見ることがあまりにも好きであることと、そのような見方は自分を局外者において、安全地帯から他人を批判できやすいこととのために、なかなかこのような思考パターンから逃れられないのである。これに対して、意味を探る態度で事象を見ていると、知らぬ間に、自分が局外者でなくなっていることに気づかされるであろう。「意味」というものは周囲にある多くのものを関係づける作用をもっている。因果の場合は直線的に――そしてそれはしばしば実状とは異なるものなのだが――何かと何かを結びつけるだけで終ってしまう。意味の場合は二つのものを直線で結びつけるだけではなく、多くのものが関連し合って、ひとつの全体を形成しているのである。

下宿にひきこもる大学生に対して、その親は、親子関係の改変を迫る警鐘として、それを意味づけるかも知れないし、大学の教官はもっとひろく、日本の青年のアイデンティティの確立という点に意味を見出し、自分自身のアイデンティティのことにまで考え及ぶかも知れない。それらの意味づけの糸がからみ合って、そこから、すべての人々にとっての生きることの意味が探索され、それを通じて、その学生も生きる方向を見出そうとすることになるだろう。

ところで、青年期においても年齢が低くなるほど、ここに述べたような問題提起とか意味の探求などということは、本人には何ら意識されることなく、本人としてはつまずきの現象のなかでただ困り果てていることが多い。このような青年に「意味を見出せ」などといってもはじまらない。われわれ大人としては、彼をまず実際的に立ち直らせるように、慰めたり、援助したり、励ましたりしてやらねばならない。しかし、そのような実際的援助に終始していても、われわれ自身が意味を見出そうという姿勢をもっていると、青年たちは自分が単純に悪者扱いをされたり、軽蔑されたりしていないこと、そこに何らかのプラスの意味が内在しているらしいことを感じとって、無用の悔恨に悩まされることなく、早く立ち直ることができるのである。

第二章　大人になること

前章においては、大人になる前のいろいろなつまずきについて述べ、それは大人になるための必然的なことであるとさえ強調した。いったいそれはどうしてなのか、そのことをもう少し異なる角度から論じてみたい。

未開社会においては、子どもと大人の区別は、はっきりとしており、成人式《イニシエーション》という通過儀礼によって子どもは大人になるのである。現代社会においては、既に述べたように、子どもと大人の境界は極めてあいまいであり、青年たちはどちらに属しているのか明白ではない。このためにいろいろと社会的混乱も生じているのであるが、いったいどうして現代は大人であることとか、大人になることとかがあいまいになってしまったのだろうか。このような点について考えてみるが、ここでもまず、ひとつの解りやすい例をあげることにしよう。

1　対人恐怖の大学生

学校をやめたい

A君は大学一年生である。そろそろ学年末も近づいてきたが、憂うつで仕方がない。学校もずっと欠席のままである。A君が学校へ行かないのは、人前に出るのが何となく怖いからである。怖いというのはぴったりの言い方ではないが、そのようにでもいうより仕方がないのである。人のなかにいると落ち着かないというか、不安というか、ともかくじっとしておられない。特に同級生などが話しかけてくると、どう返答したらいいのか困ってしまうのである。何かいっても、われながらトンチンカンなことをいったような気がして話が続かなくなってしまう。そして、そのような自分のことを同級生たちがもの笑いの種にしているようにさえ思えてくるのである。実は、A君は高校三年のときも、同じような状態になって、学校を休んだことがあった。父親はA君が怠けているとしか考えないので、登校せよと怒るのだが、A君はどうしても出てゆけない。さりとて、自分の状態などどうまく説明できないし、恥かしいと思うから誰にもいいたくない。

仕方なくなって、高校三年で退学したいと担任の教師に申し出ると、この先生が親切な人で、退学などしては損だから何とかしてやろうと他の先生をいろいろと説得してくれ、A君はやっとのことで卒業したのであった。そして無理をして受験した大学に合格し、大学でこそは頑張ろうと思って入学したのだが、大学は思っていたよりも相当厳しいし、またもや高校のときの症状がぶりかえしてきた、という次第であった。父親は再び息子が怠けだしたと思っているので、叱責を繰り返すばかり。A君はまったく困り果ててしまった。そこで、その大学では担任制がとられていたので、担任のところにゆき、退学したいと申し出ることにした。ここで、彼が退学を申し出ることを思いついたのは、やはり高校時代の思い出が関係していて、大学の担任の先生も学年末に迫ってきた試験に対して何とか恩典を与えてくれるのではないか、という期待がひそかに心のなかに生じていたからであった。ところが、大学の先生はA君の申し出を聞くと、むしろ、うれしそうな顔をして退学届を出すことに同意したのである。勉強する気のないものは、さっさと大学など止めるべきだというのが、この先生の持論だったのである。案に相違してがっかりしたA君はどうしたかについては、後に述べることにして、ここに簡単に対人恐怖症のことについて触れることにしよう。

対人恐怖症

ここにあげたA君の症状は、軽いものであるが対人恐怖症と言われるものである。他人と同席すると、強い不安と緊張が生じてきて、他人に不快感を与えていないか、他人から軽蔑されていないか、などが心配になって、そこにいたたまれなくなる。このためできるだけ対人関係から身を避けようとし、重くなると外出もできなくなるようなノイローゼである。普通は家族や特に身近な人や、逆にまったく見知らぬ人のなかにいるときは強い不安を感じることがない。苦手なのは同級生とか近所の人、親類の人などである。これがもっと重くなると、自分の目が鋭いので人に災難をもたらすとか、変な体臭があるので(実際は無いのだが)嫌われているとか思いこむようなのもある。

このようなノイローゼは欧米人に比して日本人に特に多いことが指摘されており、後にも述べるように、比較文化的な観点からも注目すべき症状である。事実、日本人では青年期にごく一過的にこのような体験をする人は多く、普通は「他人の視線が気になって」、何となくぎごちなくなるというような感じとして体験される。あるいは、今までは何ともなかったのに、青年期になると急に親類の人に会うのが面映ゆく感じたり、近所の人と顔を会わすのを避けたりするようなことにもなる。こんなことは「普通」の人でも、青年期に経験したことのある人は多いことと思う。

ただ、先に述べた対人緊張感が強すぎて、人前で話ができなかったり、いつも引っ込んでばかりなどして、そのような状況が何年も続くと、これははっきりとした対人恐怖症というノイローゼということになる。しかし、このような人でも大人になってしばらくすると自然によくなる人が多く、このノイローゼが青年期の心性と相当関連しているものであることが解る。A君の場合は、ノイローゼというほどのことはなく、軽い症状がある程度一過性に生じたと見るべきである。

死の決意

A君は多少なりとも同情を得られると思って担任教師を訪ねたのだが、まったく予想外にあっさりと退学に賛成されてしまったのである。すぐに帰宅する気にもなれず、あちこちとうろついて遅く家に帰ったが、父親も母親もじろりと見るだけで、どこへ行っていたともいってくれない。A君はまったく世界の誰からも見棄てられたように感じたのであった。自室にはいっていろいろ考えたが、よい解決策など見当らない、退学すると父親はすぐに働けというだろう。しかし、今の状態で人前に出て働くことなど到底できない。そうなると両親は絶対に自分などかまってくれないだろう。家を出て行けというのではないだろうか、とさえ思われた。大学の担任も憎らしかった。まるで出来の悪い学生が一人でも少なくなるのを喜んでいるような感じだった。頭から軽蔑し切って自分を見ているようだった。考えるほど、お先真暗になってしまって、A君は自殺を決意した。首を吊るのは嫌なので、睡眠薬にしようと思った。大分夜も更けていたが、まだ薬局は開いているだろうと、薬を買いに外出しようとした。部屋を出てゆこうとしかけると、父母はすでに眠っていたが、母親が目を覚まして「今頃どこにゆくの」とたずねた。別に何もないからと自室に引き返したところで、A君の考えがガラリと変ってしまった。

死ぬことが急に馬鹿らしくなったのである。あんな教師に馬鹿にされたくらいで死んでたまるか、と思った。今からがむしゃらに勉強して、あの冷淡な教師や父親を見返してやりたい。こう考え出すと、何ともいえぬ怒りがわきあがってきて、「畜生！」とA君は何度も怒鳴った。教師と父親の頭をガンガンとなぐりつけている光景が目に浮かんできて、興奮はとまらなかった。A君はそのうちにいったい誰に何のために怒っているのか解らないくらいになった。不甲斐のない自分に対しても怒っているようにも感じた。つぎつぎと空想がわいてきた。A君はとうとう学年末の試験に満点をとり、担任が平身低頭して詫びているところを思い浮かべている間に眠ってしまった。

翌日からA君は勉強をはじめた。人前に出るのはやはりつらかったが、大学へも行った。担任の講義にも出席した。空想のときのように担任を怒鳴りつけたりはできなかったが、しばらくしてから、退学を中止して試験も受けるつもりだと告げた。A君にとって意外だったのは、担任はあのときに感じた冷淡な人ではなく、退学中止を喜んでくれ、今まで欠席していたために解らないところがあったら聞きにきなさい、といってくれた。A君はふりあげたこぶしのやり場がないような、変てこな感じを受けたが、もちろん、悪い気はしなかった。不思議といえば、父親の態度まで変ってきたことだった。「お前のような怠け者は大学など行く資格はない」といっていた父親が、「試験はいつあるのか」などといったりして、A君の勉強に関心を示し出したのである。A君は満点を取って教師に平身低頭させることなど、もちろんできなかったが、ともかく学年末の試験を乗り切ることができた。それよりも、教師や父親を見返してやるとか、頭を殴ってやるなんていう気持はまったく消え失せていた。それと共に、A君の対人緊張感も知らぬまに薄れてしまっていたのである。

ここに示した例は対人恐怖症のノイローゼなどではなく、むしろ、一般の学生がよく経験しそうなことを少し劇的な形で示したといっていいだろう。基本的なパターンは同じにしても、ノイローゼの人がそれを克服してゆくためには、もっと時間と努力を必要とするし、治療者の配慮ももっとキメ細かくないと駄目である。これを読んでノイローゼの人には退学をすすめるとよいなどと速断しないでいただきたい。また、高校の担任が親切だったこともよかったのではないかと思われる。高校のときに、暖かい体験をして、その後に厳しい体験をしたのも、ちょうどうまくできていたというべきだろう。高校の担任が冷たく退学を迫っていたら、A君は本当に挫折してしまったのではなかろうか。

その点はともかくとして、A君が体験したこと、つまり、一度は死のうとまで思い、そこから立ち上ってきたことは、大人になるために必要なことと思われる。このようなプロセスを、社会的制度として行なっていたのが未開社会における成人式なのである。そこで、次に未開社会における成人式がいかに行われていたかを、簡単に見てみよう。

2　イニシエーション

未開社会においては、イニシエーションの儀式は必要欠くべからざるものであった。

後にも述べるように、このイニシエーションの儀式を無くしたことが近代社会の特徴なのであるが、そのことの意味についてわれわれはあまりにも無知であったので、既に述べたような青年期の問題をかかえこむようになった、ということもできる。イニシエーションは通過儀礼などとも訳されているが、未開社会において、ある個人が成長して、ひとつの段階から他の段階へと移行するとき、それを可能にするための儀式である。宗教学者のエリアーデは『生と再生――イニシェーションの宗教的意義』(堀一郎訳、東京大学出版会)という著書において、イニシエーションについて詳しく論じている。彼は「イニシエーションという語のいちばんひろい意味は、一個の儀礼と口頭教育群をあらわすが、その目的は、加入させる人間の宗教的・社会的地位を決定的に変更することである。哲学的に言うなら、イニシエーションは実存条件の根本的変革というにひとしい」と述べている。つまり、イニシエーションによって、ある個人はまったくの「別人」となると考えられるのである。彼はイニシエーションを三つの型に分けている。第一は少年から成人へと移行させる、いわゆる成人式、部族加入礼である。第二は特定の秘儀集団、講集団に加入するためのものであり、第三は神秘的なもので、未開宗教における呪医やシャーマンになるためのものである。ここでは、これらのなかの成人式がわれわれの関心のあるところなので、それについて述べることにしよう。まず男性の場合の成人式について述べ、つづいて、女性の成女式について述べることにする。

成人式

未開社会において行われる成人式は、一般に次のような要素から成り立っていると、エリアーデは述べている。1「聖所」を用意すること。俗世界と区別された聖なる場所を準備し、男たちは祭儀の間そこに隔離されてすごす。2修練者《ノヴィス》たちを母親から引き離す。あるいは、もっと一般的には全女性から引き離す。3修練者たちは隔離された場所で、部族の宗教的伝承を教え込まれる。4ある種の手術、あるいは試練が与えられる。割礼、抜歯、などであるが、皮膚に傷跡をつけたり、毛髪を引き抜いたりすることもある。この間、修練者たちはその痛みにぐっと耐えねばならないのである。イニシエーションの期間には、いろいろなタブーや試練に従わねばならないことが多い。

ここにあげた四つの要素について、次に簡単に説明するが、これを実際に儀式として行うときは、そこにそれぞれの部族、社会において細かく定められた規則や方法があり、それが忠実に施行されるのである。詳細には語ることはできないが、そこに行われるひとつひとつの行為が象徴的な意味を持ち、子どもが大人へと変容する過程に必要な、深い宗教的意義を与えるのである。

まず、「聖所」を用意することについて、これは単に俗世界と異なる場所という意味ではなく、この世界が「そのかみに」神によって創造されたときと同じ場所、空間を再現するという意味をもっている。イニシエーションということが本来的な意味において成立するためには、その社会に属する成員が、彼らの住んでいる世界というものは、「そのかみに」神によって、全きものとして創造されたと信じていることが必要である。子どもたちはそのような完成された世界へと入れてもらうために儀式に参画するのである。したがって、このような「聖所」において、修練者たちは「事物の始めの聖なるとき」を再体験し、そこで神話的人物と交わり、その世界へと入ることが可能となるのである。

次に、修練者たちを「母親から引き離す」ことは重要である。すべての子どもはそれまでは母親の庇護のもとで暮らしている。大人になるまでのこのような母親との強い結びつきは、子どもが成長してゆくために必要なことであるが、大人になるときは母親との結びつきを断たねばならぬのである。このことは極めて劇的に行われることが多く、母親よりの分離はすなわち、「死」の体験として受けとめられるような仕組みになっている。たとえば、エリアーデによると、「ほとんどすべてのオーストラリアの部族の例では、母親はその息子が、おそろしい、神秘的な神、名は知らないが、その声はブル・ローラー(うなり木＝振り回して音をたてる木片)の胆をつぶすような響きで聞くことができる神によって、殺され食べられてしまうのだと知らされる」のである。このようにして、子どもは神によって殺され、次に成人として神によって生き返らされるのである。このときに、子どもは成人として今までと異なる名前を与えられるところもある。母からの分離のときに、子どもたちは「死」を体験し、あらたに大人として再生してくるのである。

第三の宗教的伝承を教えられることは、「父祖見参」とも呼ばれており、ここで修練者たちは原初のときにかえり、父祖あるいは原初の神の姿に接し、その部族に伝わる宗教的伝承を教えられるのである。このように創造のわざの再現を通じて、修練者たちが大人になるのにふさわしい伝承を受けるのみならず、彼らの住む世界がここにあらたに更新されると考える。

第四の要素である試練は、イニシエーションの儀式にはつきものといってよいであろう。割礼が行われたり、門歯がたたき折られたりするが、修練者はそれらの痛みに耐えることが要請される。断食、沈黙、視覚の遮蔽などの多くの禁止が課せられることもある。これらの肉体的試練にはすべて精神的意義が含まれており、修練者はこの試練に耐えることによって、大人になるのにふさわしい精神力や意志力を示すことになるのである。

以上、簡単に示したような方法で成人式が行われ、子どもが大人になるのであるが、このような儀式によって、修練者の宗教的・社会的地位が決定的に変更され、エリアーデの言うように、「実存条件の根本的変革」が行われることを、われわれは認識しなくてはならない。このような社会においては、子どもと大人の境界があいまいになることはなく、成人式という凄まじい儀式によって、子どもはまったく「別人」になったように、社会の成員としてふさわしい大人になる。彼らは大人としての自覚と責任をそなえた人間となるのである。

成女式

文化人類学者によって、成人式についてはよく調べられているが、成女式についてはそれほどに研究されていない。このことはエリアーデが述べている次のような成女式の特徴が関係していると思われる。彼は、「第一に、成女式は、文化の古い層にも記録されてはいるが、男の成人式ほどひろく分布してはいないこと、第二に、男の成人式ほど発達していないこと、第三に、成女式は個人的なものだということ」の三点を、成女式の特徴としてあげている。

成女式は初潮とともに始まる。したがって、男子のように集団で行われるのではなく、個人的に行われることになる。初潮とともに、あるいは、そのきざしのみえたときに、女性は社会から隔離される。そして、男子の場合のように、性と豊饒の秘儀や、部族の習慣などが教えられる。あるいは、女性も知ることを許されている宗教的秘儀や、が教えられる。その後に、彼女は隔離所から部族のもとへと帰ってきて、公衆の面前に披露され、成人の女性として受け容れられるのである。このときに、集団での舞踊が行われたり、成女となった女性が村の家々を訪ねて贈物を受けたり、いろいろな祭儀が行われることもある。

成女式が成人式ほどもひろく行われず、あるいはあまり発達していないことには、次のような理由が考えられる。つまり、女性の場合は初潮という、言うなれば自然の秘儀によって成女になるので、男性の場合のような手のこんだ儀式を行う必要がないと考えられる。ある部族においては、成女式は初潮にはじまり、初生児の誕生をもって終結するところもあるが、初潮、妊娠、出産というような自然によって与えられた秘儀は、それ自体が宗教体験であると考えられ、それは男性の用語には翻訳し難いものである。エリアーデは成女式が男の成人式ほど研究されていない、と述べているが、成女式の本質は学者による「研究」によって言語的に明らかにされるようなものではない、とも考えられるのではなかろうか。

エリアーデは成人式と成女式の特徴について、「女性とは違って、男性は成人式の訓練期間中、「見えざる」実在者を意識させられ、あきらかならざる、すなわち直接経験として与えられない、聖なる歴史を習得する。……少年にとって成人式は直接でない世界——精霊と文化の世界——に導き入れられることである。少女にとっては、逆に、成女式は、表面的には自然な現象——性的成熟のあらわなしるし——の秘儀に関する一連の啓示を含む」と述べている。つまり、女性にとっては「表面的には自然な現象」を通じてイニシエーションが行われるのに対して、男性はそのような自然現象に頼ることができないので、「見えざる」実在者を意識することを通じてイニシエーションが行われねばならず、したがって、いろいろと手のこんだ儀式が必要となってくるのである。このことは、大人になることの男女差を考える上において、現代においても考慮すべき、ひとつの重要な点である。

ともあれ、男にしろ女にしろ未開社会においては、イニシエーションの儀式によって子どもがはっきりと大人へと変革されるので、「大人になることのむずかしさ」など存在しないのである。あるいは、そのときの試練に耐えられないものは殺されてしまって、中途半端な大人など存在しないことになる。このようなことから、現代においてもイニシエーション儀式を復活せよ、などということを私は主張しようとしているのではない。次節に述べるように、近代社会というものは、その世界観にもとづいて、イニシエーション儀式を無くしたことに、その特徴をもっているからである。では、それはいったいどうしてなのか、そして、イニシエーション儀式を無くしたわれわれが大人になるときには、どうすればよいのか、という点について、次に考察してみることにしよう。

3 現代のイニシエーション

近代社会の特徴

エリアーデは先に紹介した彼の著書『生と再生』の冒頭に、「近代世界の特色の一つは、深い意義を持つイニシエーション儀礼が消滅し去ったことだ」と述べている。いったいこれはどうしてなのか。それは近代人の世界観がかつてのそれと根本的に異なるものとなったためである。既に少し触れたように、イニシエーション儀礼が成立するためには、その社会が完全な伝承社会であることを必要としている。古代社会においては、極言すれば、すべてのことは原初のとき(かのとき)に起こったのであり、この社会(世界)は既に出来あがったものとして存在し、後から生まれてきたものは、その世界へと「入れてもらう」ことが最も大切なことなのである。したがって、子どもたちが大人になるためには、その世界へと入る儀式としての、イニシエーション儀礼が決定的な意味をもつのである。つまり、そこには「進歩」という概念が存在せず、この世は出来あがった世界、閉ざされた世界としてあり、子どもは大人になるときにそこに入れてもらうことになるのである(図1)。

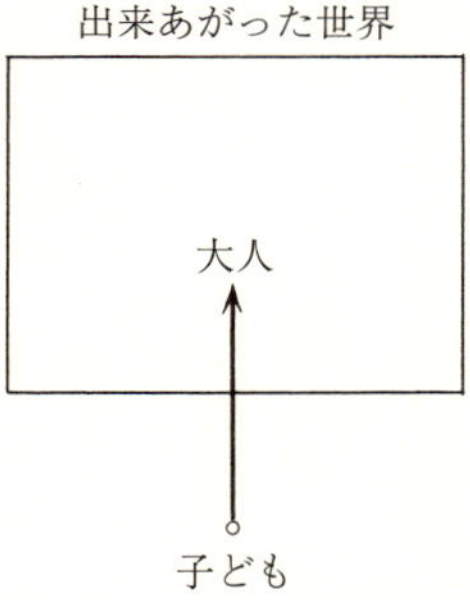

図1　古代社会の構造

それに対して、近代社会のあり方を図2に図式的に示したが、近代人の特徴は社会の進歩という概念を持ち、自分自身をその歴史的な進歩の流れのなかに位置づけようとする点にあるということができる。極めて図式的に表現すると、子どもaがAという社会の大人として、そこに入れてもらったとしても、社会が進歩して、社会Bへと変っ

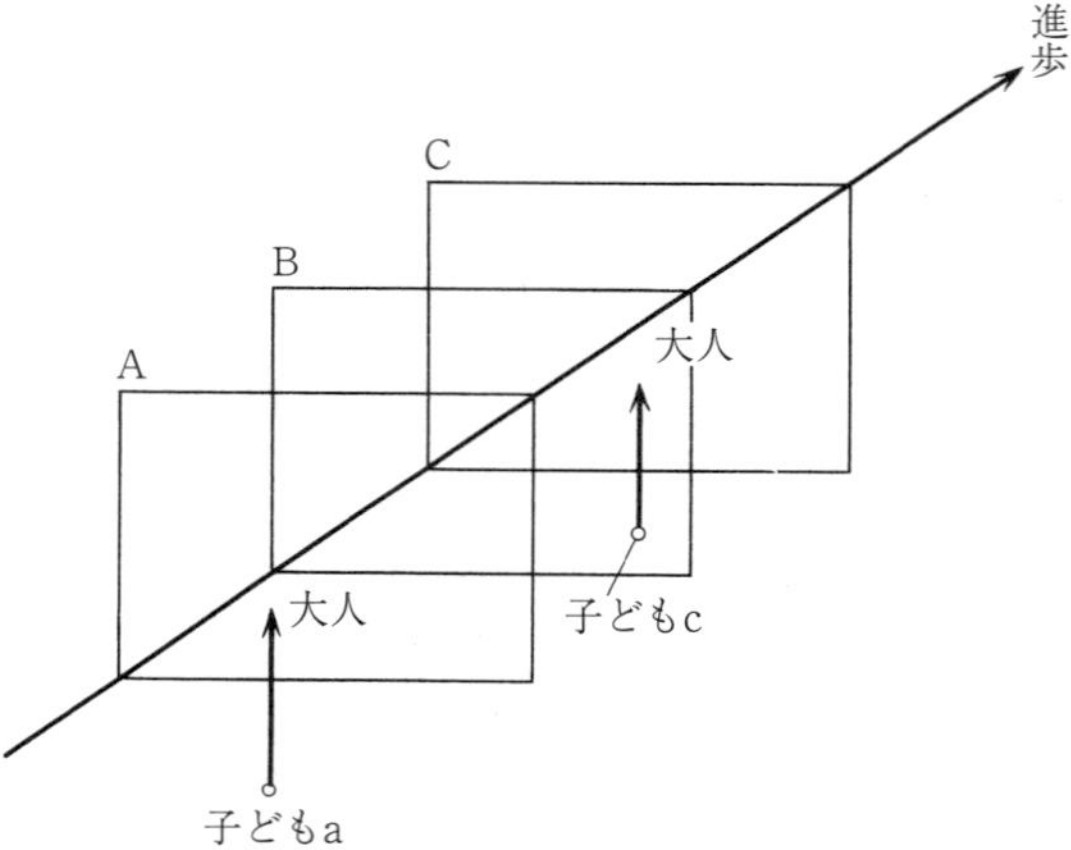

図2　近代社会の構造

てゆくと、a自身も変化してゆかないかぎり、彼は子どもと同じように、社会Bから取り残されてしまうことになる。あるいは子どもcは、大人になって社会Cへと入ってゆくにしろ、既に彼は社会Bの大人たちと同じくらいのレベルに達している、ということもありうるのである。

古代社会においては、一回のイニシエーションによって、子どもははっきりと大人になり、それで安心していられるわけであるが、社会の進歩ということを考えはじめた近代人にとっては、そのようなイニシエーション儀礼というものが、既に示したように、意味を持たなくなったのである。子どもaが

Aという社会の大人となったとしても、社会Aが進歩して社会Bへと変化してゆくとき、彼がそのままでいると、大人としては認められない存在となってくる。ここには極めて図式的に示したが、社会の進歩はこのように単純に図示できるものではないので、ある個人が子どもと大人の境界において、どちらともつかぬ状態になることが、近代社会において多くなるのも当然のことなのである。それでは、近代以後に生きるわれわれにとって、大人になるということを、どのように考え、どのようにすればいいであろうか。

個人としての儀式

近代社会になって、制度としてのイニシエーション儀式は消滅してしまった。しかしながら、個人の生き方をよく注意して観察してみると、現代人においても個々人にとって、大人になるためのイニシエーション儀礼とでもいうべきことが、個人として生じていることがわかってきたのである。たとえば、既にあげた対人恐怖症の大学生の例について考えてみよう。彼が大学の担任教師に退学を賛成され、自殺しようと決意し、その後にやはり頑張ってみようと思い直す過程は、彼にとって個人としてのイニシエーション儀礼の体験をしたといえないだろうか。それは未開社会において修練者が体験する「実存条件の根本的変革」とまではいえないにしても、ある種の「死と再生」の体験をしたということができる。このことは、彼個人にとってのイニシエーションの儀式であったのである。

社会の進歩ということを考え、人間の個性ということを大切にするかぎり、われわれは集団として制度的なイニシエーション儀礼を行うことはできない。もっとも、現代においても、一応「成人式」は存在しているが、そこに生じる本質において、既に述べてきたようなイニシエーション儀礼とは異なったものとなっていることを、認めねばならない。したがって、個人としてのイニシエーションは、個々人に対して思いがけない形で生じてくることになる。ただ、その本人もその周囲の人も、せっかく生じてきたイニシエーションの儀式を、それと気づかずに、馬鹿げたこととか、不運なこととか考えてやり過ごしてしまうことが多いのである。

最初にあげた家出した高校生の例にしても、あの「家出」はイニシエーション儀礼のはじまりではなかったろうか。そこで両親が筆者のところに相談に来られ、その「意味」を把握されたので、その後の経過はイニシエーションにふさわしいものとなっていったということができる。ここでもしそのような意味の把握と親子のその後の努力がなかったならば、模範生の高校生が家出によって堕落していった、ということにもなりかねないのである。現代のイニシエーションには、常に相当な危険性がつきまとっているのである。

現代のイニシエーションの特徴のひとつとして、それは一回で終らないことが多いことを知っていなくてはならない。現代においても、一回の経験が「実存条件の根本的変革」に値するものであることも可能である――そのときは文字どおり命がけの事柄である――が、一般にはイニシエーション的状況が何回か繰り返されて、大人になってゆくと考える方が妥当であろう。たとえば、最初にあげた高校生の例にしても、彼があの一回の家出の体験によって、「大人」になりえたとはいえないであろう。以後におそらく類似の体験を重ねることによって、大人となっていったと思われる。このような繰り返しが必要であることは、子どもたちを指導したり援助したりする人が特によく心得ておくべきことである。さもなければ、イニシエーションということを生半可に知っているために、指導者が、子どもと接するときに、「一丁上り」式の変化を期待し過ぎて失敗してしまうからである。

現代は未開社会に比べて、あらゆる点で複雑になっており、われわれ人間の意識もそれほど単純ではない。われわれはそれ相応にその複雑さを楽しんでいるわけであるが、それだけに、子どもが大人になるということも、簡単には成就しないのである。

それにしても、未開社会において行われるあれだけ手のこんだ儀式をまったく放棄したのだから、現代のイニシエーションに、相当な繰り返しがあるのも当然と言えるだろう。

権威の意味

イニシエーションの儀礼においては、権威者の存在が不可欠である。修練者が死と再生の体験をするときに、彼に対して死を与え、再生を助ける役割を演じるのは権威者である。といっても、もう少し厳密にいえば、イニシエーションに立ち会う長老たちは、原初の神の仲介者、あるいはそれの代理者として、絶対的な権威者として、そこに存在するのである。つまり、彼らの権威の背後には、原初の神という絶対者が存在している。

現代のイニシエーションにおいても、権威者の存在が必要である。しかし、それがいかなる形で存在するのか、ということに関しては、相当深く考えてみる必要があるようである。というのは、現代では「原初の神」の存在をそれほど簡単に信じるわけにゆかないので、権威の問題がなかなか難しくなっているからである。

現代、特に日本においては「権威」というのはあまり評判のよくない言葉である。

権威を持つべきはずの人が、自分は権威など一切ないとか、誰とも同等であるなどと広言し、それによって人気を得られると期待している。ところで、本章の最初にあげた大学生の例の場合、大学の先生が権威者として、勉強をする気のないものは学校に来ない方がいいとはっきりと宣言したことは、——危険をはらむにしろ——結果的には良い効果をもたらしたことを想起してみよう。この大学生に対して、いわゆる「理解のある」教師ばかりが接していたら、彼が大人になるためのイニシエーションの儀式を体験することは、あいまいな形でのびのびにされてしまったことであろう。

ここで、教師や親が子どもに対して、甘い方がいいのか、厳しい方がいいのか、というよくある二者択一的な議論の結論として、筆者が後者の方を支持しているなどと考えないようにしていただきたい。真の権威は甘い方がいいかとか厳しい方がいいかとか、そのような単純な二者択一的な思考を超えて存在しているものである。どちらの方が子どもの役に立つとか立たないとかいうのではなく、あるべきことをあるべきこととして指し示すだけのことである。

権威ということは最近では評判の悪い言葉であるといった。しかし、筆者が心理療法家として、教師として多くの若者に接してきた経験からいえば、若者は真の権威に対しては反抗しないといい切れるように思う。彼らは真の権威と偽の権威との差に極めて敏感であり、後者に対しては相当な抵抗を示すといっていいだろう。真の権威と偽の権威との差は、その権威の発してくる根源が、どこまでその人の存在とかかわっているかによって区別できるであろう。地位や名声や金力などに、その権威がよりかかっているときは、それは偽ものである。環境の変化によって取り去られる可能性のあるもの、それらをすべて取り去ったとしても残る権威、それが本ものである。

4 死と再生

イニシエーションの儀式においては、「死と再生」の過程が生じることが必要であると述べた。しかし、「進歩」を必要と考える現代においては、修練者の死と再生のみならず、親の方の死と再生の体験が必要となってくるのである。つまり、親も一度大人になったからといって、いつまでも安閑としてはいられない。彼自身も時に、ドラスティックな変化を体験しなくてはならないのである。

親殺し

子どもが大人になるためには、子どもが母親から分離されることが、まず必要であった。未開社会においては、イニシエーションの儀礼を通じて、それが集団的に行われたが、現代においては、個々の人間がそれを行わねばならない。このことは象徴的には、子どもによる親殺しという形で表現される。もちろん、ここで「象徴的に」とわざわざ断っているように、親殺しなどということを、実際に行うことが必要だというのではない。

ある父親は先祖から伝統のある菓子製造の仕事につくしてきた。彼にとって、息子がその名誉ある仕事を継いでくれることは、むしろ自明のことであった。また実際に、息子の方も小さいときから父親の仕事に興味をもち、父親が菓子つくりの難しさを語ったりすると、興味深く耳を傾けたりしていた。ところが、息子が大学を受験するときになって、急に自分は法学部に入学して官僚になる、といいだしたので驚いてしまった。そんな馬鹿なことがあるかと父親は怒ったが、息子の言い分にも筋の通っているところがあった。というよりも、息子の言い分を聞いて、父親はものがいえなくなった。息子にいわせると、父親は口を開くと税金が高いとか、政治が悪いとか、いつもいっている、そんな文句をいいながら菓子つくりをしているよりも、日本の政治や役所の在り方を変えてゆくように努力する方が本当ではないか、というのである。父親は「先祖代々の仕事」などと偉そうにいっていながら、結局は税金だとか、役人の統制とか愚痴ばかりこぼしている。それは本当に自分の仕事に誇りをもっていないからだと思う。父親は息子に完全にいい負けてしまった形になり、不本意ながら、息子の法学部受験に賛成しなくてはならなかった。

これなどは、典型的な「父親殺し」であるということができる。父親が自分の敷いた路線の上を息子が走ってゆくものと決めこんでいたとき、息子は自分自身の固有の道をもっており、それは父親と異なることを宣言したのみならず、父親の生き方そのものを真向から批判したのである。

危険性

ここに示したような「父親殺し」は、現代のわが国において、あちこちに生じているといっていいだろう。子どもにとって、象徴的な親殺しは、成長のために必要なことである。しかし、それが、いかになされるか、ということによって極めて重要な差が生じてくるのである。

たとえば、先にあげたような例においては、息子が法学部に入学する。ところが、彼は勉強を始めてみると、法学の勉強は思いの外に難しく、面白くもない。父親の方は父親の方で、息子が跡を継いでくれないのでさびしくてたまらないが、それもいい出すことができず、面当てのような気持もあって、長女の婿に店の跡を継がせると宣言してしまう。息子の方は、ますます勉強に身がはいらず留年を重ねているうちに、下宿にとじこもってしまって、何もしなくなってしまった。このように話が展開してゆくことも珍しくないのである。いったい、これはどうしてなのだろうか。

「親殺し」にしろ、それを親の立場から受けとめた「子殺し」にしろ、いかに象徴的になされるとはいえ、そこに相当な危険性を伴うことは当然である。すべていいことには危険性が伴う。一人の子どもが大人になるということは、なかなか大変なことである。特に、その子が既成の路線の上にのっかって、大人になる(これが、本当に大人かどうかは問題だが)ときは、あまり危険性も生じないだろう。しかし、子どもが個人として、個性をそなえた大人となろうとするかぎり、そこに何らかの「殺し」が必要となってくる。ここで、極めて大切なことは、それが意味あるものとなるためには、その死が再生へとつながらねばならないという事実である。

先の例をとって、再生への道を説明してみよう。父親は息子の批判を聞いて怒り、勝手にしろ、と叫ぶかも知れぬし、息子も息子で、誰がこんな菓子つくりなどやるものか、と怒鳴り返すかも知れない。なまの感情をぶつけ合うことができるのは、家族関係の特徴かも知れない。しかし、その後で、父親が「息子も思いの外にしっかりしたことをいうようになったな」と思ったり、「子どもたちに気を許してしまって、愚痴をいいすぎたのだな」と反省したりするなら、それは再生への道がひらけかかっていることを意味している。息子の方は息子の方で、法学部に行ったものの、「おやじは近頃さびしそうな顔をしてるな」と感じるかも知れない。お互いに殺し合いを演じつつ、なおかつお互いの関係を切らずにいること、あるいは相手の気持を察して関係をあらたにしようと努力すること、それを「愛」といっていいかも知れない。しかし、死は時に突然に訪れるにしろ、再生への道は長いことが多い。それは相当な長さと紆余曲折を必要とするものである。その長くて苦しい道を、他ならぬ殺し合いを演じた当人たちが共に歩もうとするところに、家族の愛が存在しているのである。

「親殺し」や「子殺し」が象徴的に実現されないとき、そのエネルギーが爆発し、大変な事件が生じてくる。それは時に実際の殺人事件にまで至ることがあるのは、周知の事実である。われわれは、子どもが「大人になる」過程において、大きい危険性が常に存在していることを、よく認識していなければならない。

「親殺し」、「子殺し」といっても、それが象徴的に行われるという意味において、それはいつも実の親子の間で行われるとは限らない。それは教師と生徒、上司と部下、先輩と後輩などの間で行われてもよいのである。したがって、教師にしろ、上司にしろ、若者を真剣に指導しようとするかぎり、そこには「殺し」の危険性が存在することを知っているべきである。安易な姿勢ではそれは成し遂げられないばかりか、時に回復の極めて困難な傷をお互いに与え合うだけになってしまう。教師や指導者は、自らが若者に殺されることによって、その真の指導がなされることを知るべきである。と言って、安易に死んでやってみてもつまらないことであり、時には若者に死を与えることも必要なのだから、その対決はあくまで真剣になされねばならない。

自立と孤立

子どもが大人になってゆくためには、親離れや子離れが必要だ、ということは、現在では多くの人が知っている。しかし、そこにはいつも大きい誤解の可能性が含まれている。そこでは「離れる」ことに重点がおかれすぎて、その次に生じるべき両者の親関係についての配慮が欠けてくることが多い。たとえば、先にあげた菓子つくりの親と子の例において、子どもが法学部で熱心に勉強して、卒業後もどんどん出世し、偉くなったものの、父親との関係が薄くなってゆくばかり、という場合に、われわれはその息子を「自立した」人間であるといえるだろうか。父親のところに会いにくることが皆無となり、「偉くなった」自分が、菓子つくりという職人の子どもであることとを恥かしく思い、そして、父親が死んで後に葬式にだけ参列するような人間を、われわれは「自立」した人というわけにはいかないのである。

筆者自身も若いときには、自立についての誤解をしていたことを思い知らされたことがあった。二十年も以前のことだが、スイスに留学したとき、あちらの人たちの親子間の交流が多いのに驚かされたのである。最初のうち、自立ということを浅く考えていたので、ヨーロッパの人たちは日本人よりはるかに自立しているために、親子間のつき合いなどは、日本よりはるかに少ないだろう、と予測していたのに、事実はまったくその逆であった。親子が離れて生活していても、しょっちゅう電話で話し合ったり、何か珍しいものが手に入るとおくり合いをしたりしているのである。予想がはずれて最初は驚いたが、すぐに解ったことは、彼らは自立しているからこそ、よくつき合っているのだ、ということであった。この線に沿っていうと、日本人は自立していないからこそ、関係を持つことをおそれて孤立している人が多いのではないか、ということになる。自立と孤立はまったく似て非なるものである。

親から本当に自立した子どもは、自立した人間として親とつき合えるはずである。親から離れて自分だけ勝手に生きている子どもは、むしろ、そのようなことが許されると考えている点において、親に対する抜き難い甘えをもっているといわねばならない。ただわれわれとしては、後にも述べるように(一〇九頁参照)、西洋のモデルを絶対的に善しとしているわけでもないので、西洋との単純な比較から、日本は駄目だという気はないが、「自立」を望ましいことと考えるならば、それが真にどのような意味をもっているのか、それは孤立と混同されていないか、などについて深く考えてみることが必要と思われる。わが国の子どもたちは、孤立を自立と錯覚することが多いのである。

第三章　こころとからだ

人間にとって、こころとからだの問題は、永遠の謎といってよいほどのものであろう。こころとからだをわれわれは一応、区別して考える。しかし、それが相当に関連し合っていることを、われわれは経験的に知っている。身体の調子が悪かったり、病気になったりすると、気が弱くなったり、ものごとを論理的に考えられなくなったりする。あるいは、こころがふさいでくると、身体の動きがにぶくなったり、食欲がおちてきたりすることもある。このようにこころとからだは関連し合っているが、後にも述べるような心身症などという病気になってくると、その関連の在り方は簡単には把握できない。

大人になるときに、大きい問題となってくることにセックスというコントロールの難しい現象がある。精神分析の創始者であるフロイトが人間の性欲ということを重視したのは周知のことである。このことについて、ユングが、フロイトは人間の基本的な欲求として、食欲や睡眠欲などがあるのに、どうして性欲を重要視したのかと考えて、それは食欲や睡眠欲がより身体的なことに結びついているのに対して、性欲は身体的であり、なおかつ、心理的なものである点に、その重要性があるからだと推論したという。こころとからだをつなぐものとして、セックスということは深い意味をもっている。あるいは、ユングがセックスは天国から地獄に至るまで存在している、といっているのも示唆深いことである。それは至高の善にも、限りない悪にもつながっているのである。

子どもは大人になるとき、自分のからだということを、はっきりとわがこととして引き受けてゆかねばならない。自分では勝手にコントロールできない、自分のからだのもつさまざまのはたらきを、わがこととして引き受けてゆくことによって、子どもは大人に成長してゆくのである。この章においては、いわゆる身体的な発育についてではなく、人間が自分のからだを自分のこととして、どのように生きてゆくのか、という観点から、からだの問題について考えてみることにしよう。

1　異性との交り

大人になることの条件のひとつとして、異性の伴侶を見出すということがある。このことが大人になるために「絶対に」必要なこととは、筆者は考えないが、やはり、一般的に言って、結婚をして家庭をつくり、子どもを養うことが、大人になるための条件のひとつと考えていいだろう。このためには、子どもは異性と接することを学んでゆかねばならないが、そこには、こころだけではなくからだの接触ということが生じてくるので、なかなか困難を増してくる。しかも、性に関する倫理観は、現代になってから急激に変化してゆく様相を見せているので、大人の方が性に関する自分自身の考えにどの程度信頼をおいていいのか解らなくなっているような点もあるために、この点についての指導の困難さが増大するのである。ここでも、ひとつの例をあげて考えてみることにしよう。

「不純異性交遊」

青年期になれば、二十歳を越えると法律的には成人と考えられるので、その人がどのような異性関係を持とうとも、別に罪と考えられないが、未成年の非行のひとつとして、「不純異性交遊」と名づけられているものがある。これも考えてみると奇妙な命名だと思われるが、未成年者の異性関係が常軌を逸している場合に、非行のひとつと考えられるのである。ここでは問題の本質を考える素材として、ひとつの例を取りあげる。

ある女子高校生は、家庭の経済状態は中流の上くらい、両親は健在でよそ目には何の不自由もなく、中学生のときに級でも上位の生徒で、むしろ優秀な生徒とみられていたが、高校生になってから異性との交遊関係が急に乱れはじめ、不特定多数の相手と性関係をもつようになった。そこで、担任教師が呼び出して指導しようとすると、自分のしていることのどこが悪いのかと逆に抗議をしてくるのである。自分は自分の意志で楽しんでしていることであり、相手もそれを喜んでいる、そして、そのために誰も苦しんでいる人がいるわけではない。どうしてそれが悪いことであるのか、というのである。この生徒は知的にも高いので、いうことがなかなか鋭く、担任も少したじたじとしていると、ますます追い打ちをかけてきて、自分の行為がどうして「不純異性交遊」なのか、不純といわれる理由を説明してほしいという。愛し合っているものが性関係をもつのは当然であり、自分はそれを行なっているので、何ら不純なことはない。むしろ、不純なのは大人であって、「愛し合ってもいないのに、夫婦だからといって性関係をもつのこそ不純ではありませんか」と彼女の舌鋒は火を噴かんばかりである。これには、担任教師も簡単には答えられず、絶句してしまった。

彼女のいっていることは確かに一理あることだ。それに彼女が最後にいったことなど、現代の日本の多くの夫婦に対する批判として、むしろ当を得たものといってよいかも知れない。さて、このような手強い女子高校生が筆者のところに連れて来られた。いろいろと彼女のいうところに耳を傾けた後で、私は彼女に、「あなたのしていることは、悪いことだから止めなさい。それがなぜ悪いかなどというのではなく、理屈抜きで悪いから駄目です」と厳しくいった。有難いことに、彼女は私のまったく無茶な指示に従ってくれた。あれほど鋭く論理的に舌戦をいどんできた彼女が、私のまったく非論理的な指示にあっさりと従ってくれたのである。

当然のことだが、ここに述べたのはうまくいった一例についてであり、これが不純異性交遊に対するおきまりの「よい指導」などというのではない。こんなことをいってみても一笑に付されることもあるだろう。そもそも、このような言葉が私の口にのぼってきたというところに、この高校生のもつ自己治癒の力の表われがあったというべきだろう。指導が「うまくゆく」ときは、指導される側に「とき」が熟していることが必須の条件なのである。

それはともかくとして、この例をもとにして、異性交遊のことについて、もう少し考えてみることにしよう。

身体接触

人間がこの世に生まれて育ってくるとき、まず、新生児から乳児期に至る間に、母子一体感とでも言うべき感情を十分に体験することが極めて大切である。このときの母子一体感は必ずしも、実の母との間とはかぎらず、適当な母親代理の存在であれば、誰とでもいいのであるが、そのような一体感を基礎として、人間は育ってくるものである。このような母性的なものによって包まれている感情は、文字どおり肌の触れ合う体験を通じて得られるものであり、理屈抜きの感情として存在している。その後、乳児期から幼児期へと発達してくるにつれて、母親との身体接触は少なくなるが、家全体としてもっている、子どもを包みこみ外界から守る雰囲気は、子どもの発育を支えているものである。これは子どもの発育に必要な基本的安全感と呼ぶべきものである。

思春期から青年期にかけて、人間が急激に成長してゆくときに、この基本的安全感が乳幼児期とは異なるレベルで必要となってくる。このときに、それに必要なものを家庭内に得られない者は、どうしてもそれを他に求め、しかも、そのレベルが心理的に低下して、「身体接触」を求める欲求が強まると共に、一方では身体的には大人となってきているため、相手を選ばずに性的関係を持ってしまうことになる。そのような行動のなかで、彼らは一時的な快感や安心感などを体験すると共に、深い孤独感や悲哀感も味わっているのである。多くの場合、彼らが大人に対して自分の行為を弁護するために、極端に攻撃的になるときは、後者の感情を悟られないように防衛しようとしているのである。

筆者が先に述べたように、ある女子高校生に「あなたのしていることは理屈抜きで悪い」などといって、彼女を納得させたのも、結局は、私の理屈抜きの感情を彼女が評価してくれたからであろう。彼女にしても自分の行為に対してどこか納得できないものがあることは、既に感じとっているのだ。それがよくないことだなどと、くどくどいわれると余計に腹が立ってきて反撥したくなるだろう。彼女が本当に求めているものは、親と子との間の身体接触に等しいほど、理屈を超えて自分に向けられてくる感情だったのであろう。それに対する私の無茶苦茶な言葉はかえって彼女の心に響くものがあったと思われる。

性への恐れ

現在では性の解放がすすみ、性的に相当自由になっていることも事実であるが、その逆の現象も結構多くなっている。われわれ臨床家は、青年男子のインポテンツによる相談が増えてきたと感じている。結婚しても性的関係がもてぬために、われわれのところに相談に来られるのである。

男性が異性との性関係をもてない心理的原因としては、母親から心理的な分離ができていないことがある、といわれている。人間が赤ちゃんから大人へと成長してゆく過程について、これまでに述べてきたが、それを性心理学的観点から述べると、母子一体の、母子近親相姦的な状態から、子どもが分離・個体化し、異性との性関係をもてることができるようになる過程ということができる。このようなことを知っている人々は、現在の青年男子のインポテンツの増加現象を見て、すぐに、近頃の若者は母子分離ができていないものが多いからだ、と断定したりするが、事態はそれほど簡単ではない。母子分離と言い、異性関係といっても、そこにはいろいろな次元があると筆者は考えている。

子どもが母親の身体と自分の身体とは異なることを知るのも、母子分離のひとつの大切な段階である。思春期になって母親に反抗し、母と異なる意見を主張したりするのも、また大切な段階である。しかし、母というものは心理的には「母なるもの」として、実にひろい存在にまで拡張されてゆくもので、個人としての自分の母というものを超えるものである。したがって、一人で生活し、社会のなかに住んでいても、ただ他人と同じく、他人のいうままに生きているとすると、それは広い意味では、まだ母子分離ができていないともいえる。つまり、自分の属している集団を母なるものとして、それにかかえこまれて、ただその集団の生き方に従ってゆき、自分の個性というものを生かそうとしない。したがって、誰もが結婚するし、誰もが性体験をもつのだから、というので結婚生活をしていても、それは拡大された「母なるもの」、つまり、家とか村とかとの同一化によって行為しているだけなので、それはある意味では、まだ母子分離が十分ではないということもできるのである。結婚とか異性とか、性ということをどのように受けとめているかによって、その人の母子分離段階の在りようが異なってくるのである。

ひとつの例をあげて説明しよう。インポテンツの悩みで相談にきた青年は、新婚旅行の際に、性的関係がもてずに相談に来たのであるが、彼が不思議に思うのは、彼は新妻以外の女性と既に性的関係が何度もあり、そのときはまったく問題がなかったという事実である。彼と話し合ってすぐ解ったことは、彼の女性関係がそれまでと、新妻に対してとは変化しており、その点を彼が明確に認識していないということであった。

彼はいわゆる荒っぽい性格であり、女性に対しても衝動のおもむくままに接してゆくようなところがあり、結婚までの性関係はそのレベルで成立していたのである。ところで、見合いをした相手がたまたま美人であったため、彼にとっては今まで体験したことのない女性に対するいたわりや、やさしさの感情が生じてきた。その上、このような男性によくあることだが、彼女が彼よりも数段上の人のように感じられてきたのである。少しくらいの美人だからといって、それほど感じることもなかろうと思われるが、女性に対するそのような感情が今まで開発されていなかった男性にとって、このようなことはあんがいよく生じるのである。

新婚旅行のときに、彼の気持はもちろんうれしさでいっぱいであったが、彼の気づかないところで、彼のこころとからだは乖離現象を起こしてしまい、彼が焦れば焦るほど、性関係をもつことはできなかった。人間の性というものは、意志の力だけでは何ともならないところに不思議さがある。彼は女性とからだで接することなら、今までよくやってきていた。今、こころもからだも共に接するとなると、どうもうまくゆかないのである。性関係は、それが次元が高まるほど、多くのパラドックスを内包させながら成立するものである。そして、低い次元になるほど、単なるからだの関係となり、それは別に難しいことでもなんでもなく、すべての動物が行なっている。彼はいうならば、動物的なレベルで性関係をもつことができたが、そこにこころが関連してくるとき、あるいは、猛々しく女性に関係することはできたが、そこにやさしさが含まれてくるとき、女性に対してどのように接していいのか、解らなくなったのである。

このような例に接して考えられることが二点ある。まず第一点は、現在においては、昔に比べて男女の在り方が変化しつつあり、青年たちはお互いがどのように接していいのか解らなくなり、性的関係ということに、あんがい困難がつきまとっているということである。第二点は、これと関連しているが、昔から若者たちがもっている性への恐れの感情を大切にするべきだ、ということである。性はその衝動の強さの方が実感されることが――特に男性の場合――強いので、性への恐れなどというと変に聞こえるかも知れない。しかし、強い衝動に見合うだけの恐れが存在し、その微妙なバランスによって、われわれの行動はうまくコントロールされているのである。このような発言は、時代錯誤的に聞こえるかも知れないが、あんがい実状に合っているものと思われる。第一点についてであるが、このことは現在において週刊誌などによく書かれる性情報では、むしろ、性にともなう生理的な快感に重きがおかれ、それに対する抑圧が強いのは「現代的」ではないような錯覚に陥らされる。しかも、その一方では、既に述べたように男女の間の心理的関係に変化が生じてきており、男性は女性の存在を昔よりはより対等にみようとし、精神的存在としてみようとする態度は知らず知らずのうちに強化されてきている。相手を精神的存在として、かぎりなく高く評価しつつ、なおかつそこに肉体的な結合を願うことには、人間存在のもつ必然的なパラドックスが存在しており、それは簡単には成就し難いことといってもいいのである。

このようなことを可能にするためには、やはり相当な猶予期間を必要とするし、人間を鍛えるために必要な苦悩が存在しなければならない。そこで、若者は一方では生理的な欲求として、自分の意志ではコントロールし難い性衝動に襲われつつ、一方では自然にそなわっている一種の恐れの感情との板ばさみになって、簡単には性的関係をもつことなく苦悩することになる。このことは必要なことであるにもかかわらず、現代では性の解放という点が浅薄に解釈され、性関係に何らの恐れももたないことや、早くから性関係をもつことが望ましいと考えるような傾向があり、青年期の性の問題をますます難しくしているように思われる。

性には多くのパラドックスが含まれると述べたが、性に対する恐れにしても、それはある程度無ければならないが、強すぎても困ることは事実である。しかし、現代の風潮が、性への恐れをあまりにも蔑視する傾向が強すぎるために、本来的にそなわっている恐れの感情を無理におさえつけてしまったり、恐れるのはおかしいことだと決めこんだりして、そのために失敗をしたり、問題を大きくしたりしている人も多い。性関係をもつことは、動物も行なっていることだから、別にそれ自体は大したことでもないし、誇りにするべきことでもない。ただ、人間として多くの文化的な要因を背負いながら、そのなかで性関係をもつことによって、その在りようが変化するのである。性ということを、なんでもないように考えて――実際は、どこかに無理を感じさせるのだが――多くの性関係をもつ若者たちに会って話を聞くと、彼らはそれを本当の意味で、どれだけ「体験」しているのか疑問に思うことが多い。フリーセックスという言葉があるが、ややもすると、それは人間が「性」の力によって自由にあやつられることを意味してしまい、人間が性を自由にすることとは程遠いことになるのである。むしろ、性に対する恐れの気持を受け容れて、大切にもちこたえていると、適切な時の訪れと共に、それは望ましい性関係へと開花してゆくものであることを知っているべきであろう。

性に対する恐れの背後には、既に述べたように、母子分離に伴う不安が存在していることも事実であるが、そのことを直ちに、マザー・コンプレックスの問題として切り棄てるのではなく、それがどのような次元における母性との関連においてなのか、よく考えてみる必要があろう。母からの分離と言っても段階があり、母子一体の世界観に安住していても、人間は身体的には、結構、性的関係をもてるのである。ただ、そこでは性的関係における身体的要素の方が大きいウェートを占めるであろう。何度も繰り返すようだが、そこにどの程度の精神性が関与してくるかによって、関係の次元が異なってくるし、母からの分離という際の「母」の意味合いも、より深いものへと変ってくるのである。このことをよく知っていないと、現在の青年男子のインポテンツの問題を解決することができないであろう。

2　からだの拒否

思春期になってくると、身体が急激に成長してくる。それにともなって第二次性徴があらわれ、青年期には身体的にはまったくの大人になる。このように急変化を遂げてくる身体を「己のもの」として受け容れることは、あんがい、難しいことなのである。この際に、一般的にいって男女差があり、女性の場合は、それを受け容れるときに多くの問題が生じるのに対して、男性の場合は、自分の身体を己のものとして積極的に行為させてゆくときに問題が生じる。したがって、先にも述べたが青年期における重いノイローゼは、一般に女性の場合は初期に、男性の場合は後期に多いように思われる。ところで、「己のもの」として受け容れるべき自分の身体を拒否しているかのように思えるノイローゼの例をあげて、こころとからだの問題を考えてみることにしよう。

思春期拒食症

ある女子高校生が肥っているのが嫌だから、といって減食をはじめた。他から見て別に肥っているわけでもないのだから、減食などしなくていいのではないか、と両親はいったのだが、意志が固く、減食を続けてだんだんとやせていった。ところが、そのうちにほとんど食べることをしなくなって、やせ細ってきた。たまりかねて両親が何かを無理に食べさせると、嘔吐してしまうのである。はた目には、痛ましくて見ておられぬほどのやせ方なのだが、本人はそれで結構よいと思っているらしい。そして、そんなにやせて食べずにいるのにどうしてだろうと思うほど頑張り屋で、学校を休まないばかりか、体育の時間には、皆を驚かすほどに活動するのである。

このような症状を思春期拒食症とか、思春期やせ症などと呼んでいるが、減食による栄養不良のため、極端なときは死に至ることがあるので、よく注意しなくてはならない。命を保つために入院することも必要であり、素人療法をすることは危険である。思春期拒食症は、以前はあまり多くなかったが、最近では、日本全国にひろがり、数も多くなっている。大体、思春期の女性に特徴的なノイローゼであるが、時に、思春期以外の女性も拒食症になることもある。時には、減食をやめて喜んでいると次に過食症となり、肥満体になって困るときがある。したがって、やせと肥満の交代になるような事例もある。最近では、男性にも拒食症が少数ながら発生してきたが、これは女性の場合と同様のものとして考えていいのか、問題があり、ここでは取りあげないことにする。

思春期拒食症は、自分のからだの成長、あるいは、存在そのものを拒否しているように思われる。大人になりたくないのだ。男性に比して女性は、こころとからだの関連がはるかに密接である。自分のからだをどう受けとめるかということと、自分自身をどう感じるかということは、女性の場合は分ち難く結びついているのである。大人になるということは、男にとっては男になることであり、女にとっては女になることである。つまり、人間は大人になるときに自分の性を受け容れねばならない。思春期拒食症の人は大人になりたがっていないといえるが、それはすなわち、女になることを拒否しているのである。それははっきりと、女という性に対する嫌悪感として示されるときがある。

女性が初潮をどのように経験するかは、大変に重要なことである。ある思春期拒食症の人は、生理についてまったく誰からも(母親がいるのにもかかわらず)教えてもらっていなかったので、初潮のときには、ひどい病気になったと思って心配したという。こんなのは特別な場合であるが、たとえ母親から生理のことを教えてもらうにしろ、そのときの母親の態度によって、子どもの受けとめ方もずいぶんと異なってくる。日本の古来の風習として、娘に初潮があったときは、赤飯を炊いて祝うところがあるが、そのときは、自分が女性として生まれてきたことを誇らしく感じた、と語った女性もいる。つまり、女になるという事実を、彼女をとりまく人々がどのように受けとめるか、ということは実に重要なことなのである。

最近では、学校での保健衛生の授業がきっちりとしているので、娘たちは学校で「科学的な知識」を教えられるから、別に母親が娘にとりたてて生理の話などしなくてもいいと思っている人があれば、それは間違いである。娘たちに伝えるのは「科学的知識」のみではなく、いかに生きるかということに関連する、生きた知なのである。母親が女として、母として、そして人間としていかに生きて来たかということにもとづいて述べることは、娘にとって他に代え難い支えとなるであろう。「知」というものが、こころだけではなく、からだにも根ざしたものとして伝えられなければならないのである。

母とのつながり

母親と娘とのつながりは、極めて大切なものである。しかも、それは母子一体感を基礎とした深いものでなければならない。子どもたちは母親から離れてゆくのだが、特に分離を必要とするときには、母親とのつながりを確かめた上で離れてゆくようなところがある。時には、その確かめの程度が非常に強く、青年期の子どもがまるで幼児のように母親に甘えるときがある。これは息子でも娘でも同じであり、外見的には大人になった子どもが、母親の体にそっと触れたりして甘えるときさえある。このようなときに、母親がそれをいやらしいこととして強く拒否したりして、そのために子どもの自立へのはたらきが歪んでしまうこともある。

母親と子どもの結びつきは、このように極めて大変であるが、その母親を支える父親の力が弱いときは、親子関係の在り方が歪んでくるのである。父親の家庭での態度が弱いと、母親はそれを感じとって、知らず知らずのうちに、母親が父親役を演じるようになってくる。そのために、それを補償しようとして父親が母親役をとるようになると、親子関係が混乱してくるのである。つまり、家で子どもに対して叱責したり、方針を決めたりするのは、もっぱら母親の役となり、父親は子どもに同情してかばってみたり、妙に甘やかしたりするようになる。このようなパターンは、わが国においては生じやすいように思われる。

もちろん、父親と母親はテニスの前衛と後衛のようなものであり、時により、状況に応じてその役割が入れ代ることも必要である。あまりにも固定した観念に縛られていては、動きがとれなくなってしまう。しかし、父親と母親の役割がまったく逆転してしまうのは、やはり問題のようである。時には、一人で父親と母親の両方の役割をやり抜くような例外のあることも事実であるが。

母との結びつきに相当することは、母親とのみ生じるとはかぎらない。その相手は母親でなくとも他の人でもいいのである。それは教師であったり、親類の誰かであったり、あるいは何らかの集団であったりするだろう。それがうまくゆくときは、それで真に結構である。しかし、青年の母とのつながりを求める態度が強すぎるときは、母親代理となったものは、しばしばその重荷に耐えかねると感じさせられるであろう。

青年期におけるアルコール飲料や薬物に対する耽溺も、このような観点から見ることができるであろう。強い酩酊状態は、彼らに母子一体感に相応する安心感を与える。そのようなことも時には必要であろうが、その耽溺から抜けでることのできない人は、自立の難しい人である。大人がそのような青年を立ち直らせようとするとき、単に酒や薬物を止めよと忠告するだけで、それに代るべき母性的存在を与えないときは、なかなか成功するものではない。薬物依存などがあまりにも強くなり、生命の危険まで感じるときは、彼らが土なる母との一体感、つまり、死を願っているのではないかとさえ感じられる。このようなときの援助者がしばしば大変な困難に会うのも、よく了解できるところである。

3　己を超えるもの

からだというものは不思議なものである。私のものであって、私のものでないところがある。たとえば、手術によって私の腕が切り離されたとき、それは私の一部としてではなく処理されてしまうだろう。私は私の心臓の動きや、胃のはたらきなどをコントロールできない。といっても、それはまったく勝手に動いているわけではない。私のおかれた全体的状況にふさわしい動き方をしているのである。私は私の腕を自由に動かせると思っているが、それにしても、時には緊張のためにふるえたり、硬くなってスムーズに動かなかったりする。こんなふうに考えると、からだという存在は、人間存在そのものについて考えさせる要素を多くもっている。

家庭内暴力

いつだったか、自分の両親を金属バットで殺してしまった青年があった。もちろん、これは彼のしたことではあったが、彼にとっては、まったく思いがけぬことであったろう。いったい誰の意志でそれが行われたのか解らない、といいたいくらいの心境であっただろう。最近になってわが国において増加してきた家庭内暴力の事例において、その子どもがよくなってから、なぜあんなことをしたかを聞くと、本当のところは自分でもはっきり解らないと答えることが多い。一度、親に暴力をふるいはじめると、自分でもコントロールのきかない状態になってしまい、とめようがないというのが実状であろう。言葉でのやりとりでは駄目で、どうしても身体的な攻撃を加えないと、気がすまないのである。

家庭内暴力において、もっとも多いのは息子が母親に暴力をふるうケースである。しかも、その理由や程度がまったく常軌を逸しているので、家庭内暴力の病理が明確にとらえられない初期の頃は、しばしば精神病と誤診されることがあった。つまり、それほどまでに、その行為は不可解なことが多いのである。母親のちょっとした行為とか言葉に突然怒って暴力をふるうのだが、それ以外のときは、まったく普通であり、判断力もしっかりしているのである。

青年期というのは、今までに建てたひとつの家を壊して新しい家に建てかえるのだ、と思うとよく解るときがある。子どものときに、子どもなりの家ができあがるのだが、それは仮小屋であって、それをベースとして仕事をなしつつ、結局はその仮小屋も壊してしまって、新しい家をつくらねばならない。仮小屋がしっかりしていないと新しい仕事をしてゆくのに差支えるのはもちろんだが、仮小屋に力を入れすぎて、まるで本屋《ほんおく》にでもできそうなのをつくっておくと、建てかえが大変である。家庭内暴力をふるう子どもの多くは、仮小屋をたてるときに、親が妙に張り切りすぎて、本屋まがいのものを建てさせたようなところがある。したがって、それを壊すのには相当な「暴力」が必要なのだ。つまり、子どもを育てるときに、親が「よい子」に育てようとしすぎて、大人の小ぢんまりした存在のような子どもをつくりあげていることが、家庭内暴力の例では多いのである。

家の建てかえの比喩を続けて用いると、この問題は次のようにいうこともできる。家の建てかえの際に、大きい家を建てようとする人は、基礎を深く掘らねばならない。したがって、基礎を深く掘りすぎることによって、問題が生じてくる可能性も大となってくる。つまり、以前に比べて、現代の子どもたちは基礎を深く掘らねばならぬので、なかなか大変なのである。これを心理的に言えば、現代の子どもたちは、より深いこころの問題にぶつかっている。たとえば、ある高校生が母親に対するとき、個人としての母親としてではなく、彼女の背後に存在する母性というもののもつ深淵に対しているのである。つまり、その高校生は自分の心の奥深くに存在する母なるものとの対決を迫られることになる。そこで、母親が何気なく部屋にはいってきても、それは外的には確かに何も大したことではないのだが、それは子どもにとって「侵入」――それも怪物か何かの――と受けとめられ、彼はそれと「戦う」ために暴力をふるうことになるのだ。実のところ、彼のなすべきことは、母なるものとの内的な戦いであるのに、彼はそれを外界に存在する母親へとぶつけてしまうのである。

もちろん、青年が真に大人となってゆくためには、そのような深い問題と自ら対決し、既に述べたように母殺しの象徴的実現を、あくまで自分の内界のこととしてやり抜かねばならない。それができないために、彼らは母親に対して暴力をふるうという馬鹿げたことをやっているのだが、われわれ大人としては、そこに生じている問題の次元の深さについて、よく知っておく必要がある。現代に生きる青年たちのこころの亀裂はかなり深く、精神病的な世界に達するほどのものとなっているのである。このことをわきまえずに、安易に家庭内暴力の事例に対応しようとしても、うまくゆかないことが多い。そして、家庭内暴力をふるわないにしろ、多くの現代青年は、この深い亀裂をどう癒してゆくかという課題を背負っていることを理解しなくてはならない。それは、「抑圧されているものを解放してやればよい」、といった単純な考え方によって対処できるようなものではないのである。

心　身　症

現代の青年のこころの亀裂は相当に深いものがあると述べたが、そのことに関連することとして、心身症が増加してきている事実をあげることができるだろう。心身症という言葉は例の日航機の事故以来、一般によく知られるようになったが、またそれだけに誤解されている点も多いようである。心身症とは日本心身医学会の医療対策委員会によると、「身体症状を主とするが、その診断や治療に、心理的因子についての配慮がとくに重要な病態」であるとされている。心身症は、喘息、消化器系のいろいろな潰瘍、アトピー性の皮膚炎、など多くのものがあるが、学者によって心身症を狭く考える人と、広く考える人があり、たとえば、既に述べた思春期拒食症などは、心身症の分類に入れる人と、入れない人とがある。このような細かい点はともかくとして、心身症が青年期においてかつてよりは増加してきているのである。最近では児童にまで胃潰瘍になるものが出てくる有様である。

心身症について、「心理的因子についての配慮がとくに重要な」という含みのある表現がなされ、「心理的因子が原因となっている」などと述べられていないことに注意しなくてはならない。心身症について、一般に「心の原因によって身体の病気が起こる」という短絡的な誤解が存在し、このことによって不要な混乱を起こしているように思う。たとえば、心身症の人に対して、「心がけが悪いからだ」とか、「意志が弱いから」などといったり、「何か悩みがないか」と詮索してみたり、「もっと気楽に生きたら」などと忠告したりする。これらの考えは、こころとからだとの結びつきに対して、あまりにも安易に考えすぎているといわねばならない。「悩みがないか」といわれて、すぐに言葉で表現できるような悩みから心身症が生じることは、あまりないだろうし、もしいえたとしても、その解決はちょっとした心の在りようなんかで変わりそうもないことであろう。「気楽に」などといわれても、そもそもそれほど簡単に、人間は「気楽に」生きられるものではないのだ。仕事を休んで温泉にでもつかっておればなどといっても、温泉につかっている間中、仕事はどうなるか、将来はどうすべきかなどと考えていたら、それは別に「気楽」ではないのである。

こころとからだのからみ合いは、それほど単純ではない。いったいどちらが原因とも結果ともいえぬことも多い。したがって、わざわざ「心理的因子についての配慮がとくに重要な」という含みのある表現がなされているのである。しかも、この「心理的因子」は、既に述べたように一般的な考えによって、簡単に類推したり、取り扱ったりできぬような類のものである。そして、実際には、心身症だからといって、なまじっか心理的なことを考えず、身体的な治療をすると、よくなってしまうことも多いのである。からだを癒す過程において、自然にこころも癒されることがあるのだ。

第三領域

こころとからだの問題の本質を深く考えてみるために、ここでひとつの児童文学作品を取りあげてみよう。ロビンソン作の『思い出のマーニー』(上下、岩波書店)の主人公、アンナは喘息に苦しんでおり、まわりの人々にとけこむことができない少女である。アンナは転地療養のために、ある海辺に住む老夫婦のもとにあずけられる。アンナは自由に海岸のあたりを散歩しているうちに、マーニーという少女に会い親しくなる。アンナは両親に早くから死に別れた孤児で貧しい子であるが、マーニーの方はお金持の家に育った子である。アンナはマーニーの「恵まれた」境遇をうらやましがりながらも、マーニーの優しさに惹かれて、親しくつき合ってゆく。マーニーとの暖かい接触によって、アンナはだんだんと癒されてゆくのだが、そのうちに、「恵まれた子」と思っていたマーニーが、実のところ、お金持の家に育ったということはあるにしろ、それほど暖かい両親の愛に恵まれてはいないことを知るようになる。

アンナはマーニーとますます親しくなるが、マーニーがアンナを棄てたと誤解し、強い怒りを感じる。しかし、苦しむマーニーの姿を見て、彼女を許してあげるとアンナは叫ぶのである。このようにして、アンナは激しい感情の嵐を体験しつつ、マーニーとの心の交流のなかで、だんだんと癒されてゆくのだが、ここで非常に大切なことは、マーニーが、実のところ、実在の人物ではなく、それはアンナの幻想体験だったということである。詳しいことは原作を読んでいただくとして、これを読みながら筆者が心を打たれたのは、そのような幻想の世界の住人こそが、アンナを癒すことができた——そして、この世に実在している誰もがアンナを癒せなかった——という事実であった。それでは、いったいマーニーという存在は何者であったのだろう。アンナのもとにうまく立ち現われ、最後には姿を消していったマーニーというのは、いったい、どこに住んでいるのだろう。

『思い出のマーニー』を読んで、筆者が感じたことは、人間存在というものを考えるとき、こころとからだという二つの領域のみではなく、その両者をあわせて全体性を形づくるものとしての第三領域の存在を仮定せざるをえないということであった。アンナはからだが悪いのでも、こころが病んでいるのでもない。彼女の第三領域との接触がうまくいってなかったために、いろいろと問題が生じていたのではなかろうか。そして、彼女の幻想のなかに立ち現われたマーニーこそ、その第三領域からの使者ではなかっただろうか。この第三領域について、筆者は今のところ、それほど詳しく確実に語ることはできないが、それが古来から、たましいと呼ばれてきたものではないかとは思っている。

自分でもそれほど確かではない、たましいのことについて、なぜわざわざここに言及するのか。それは現代において、子どもが大人になるときに、この問題を考えずにおくことはできないと感じるからである。既に示した未開社会におけるイニシエーション儀礼の場合のように、社会に属するすべての成員が、祖霊とか神とかいう超越者の存在を信じている場合は都合がいい。そのときはその超越者のはたらきによって、修練者の「実存条件の根本的変革」が、集団的に生じることになる。しかし、現代においては、そのような集団的変革はもはや生じなくて、個々の人間が個々に大人になるより仕方なく、そのときに、それぞれの人間は自分なりに、自分のたましいの存在との接触を必要としているのである。己を超える存在の認識が、大人になることの基礎として必要なのである。

筆者はこのことによって、大人になるために何か特定の宗教を信じたり、宗派に属したりすることが必要だといっているのではない。時には、そのような形態をとることにもなろうが、大切なことは、自分のコントロールを超えた存在を認識すること、それとの関連において、自分という存在を考えてみることができることなのである。そのことは、自分の意志で完全にはコントロールできない自分のからだを、わがこととして引き受けることの背後に存在しているのである。

アンナとマーニーの交友は、まったく秘密の誰も知らない出来ごとであった。人間が自分のたましいとの接触をはかり、自分という存在の個人としての確立をはかろうとするとき、そこには何らかの秘密の存在を必要とする。こころとからだをつなぐものとしての性《セックス》が、しばしばたましいの問題と密接に関連するものとして、秘密のヴェールに包まれるのも、このためである。性はいやしむべきもの、汚れたものとして隠されているのではなく、極めて意味深く、尊重すべきものとして隠されているのである。思春期の子どもたちに、性に関する生理的知識を与え、それによって「すべてを明らかにする」ことが、性の問題を解決するというのは誤りである。確かに、性に関する生理学的な知識を与えることが必要なときもあろう。しかし、それで問題は解決したりはしない。既に述べたように、女性の場合は、自分の意志に関係なく、初潮という形で性の問題がやってくるのを、いかに受け容れるかがまず課題となるので、それに関する知識をもっていることが必要であろう。それに対して、男性の場合は、それと積極的に対決してゆく姿勢も必要なのである。青年は性の秘密を知ろうとして苦悩し、性に関する秘密をもって苦悩する。そのような苦悩を通じて、彼は、男と女、精神と身体、善と悪、などについて考えざるをえなくなるし、自分という存在と他者との関係についてもいろいろと考え直してみることであろう。深く考えれば考えるほど、性の秘密は永遠に解き難い謎を含んでいるのである。青年が大人となってゆくためには、これらの問題と自ら直面し鍛えられてゆくことが必要であり、生理的な事実を早く教えることによって、性のことが「わかった」と思わしめ、せっかくの鍛練の機会を奪う必要はないともいえるのである。

第四章　人とのつながり

子どもは子どもなりに人間関係をもっている。しかし、大人は大人としての人間関係をつくりあげてゆかねばならない。そしてまた、子どもが大人へと成長してゆくとき、その成長を促進したり、妨害したりするような人間関係の在り方が存在することも事実である。しかも、それはある時点までは成長促進的であった人間関係が、ある時点からはむしろ妨害的にはたらくということさえある。このように考えてくると、人間関係の難しさ、重要さがよく了解されるであろう。

1　孤独と連帯

青年期というのは、相当な程度の孤独と、相当な程度の連帯感と、その両方を味わう時期ではなかろうか。また、大人であるということは、孤独に耐えられることだ、ともいえるし、いろいろな人と共に連帯してゆけることだ、ということもできる。人間における孤独と連帯の問題も強いパラドックスを内包しているように思われる。

友人

青年期においてよき友人を得ることは大切なことである。友人との関係を通じて、青年は自分の個性の在り方を自覚すると共に、自分とは異なる生き方を理解し、評価することを学ぶのである。このことは、大人になるために必要な条件のひとつである。

子ども時代の友人関係は、近所に住んでいるからとか、教室で机が並んでいたからとか、偶然的な要素によることが大きいが、成長してくるに従って、自分の個性との関連において、自らの意志によって選ぶという要素が大きくなってくる。ともかく、自分という存在を認めてくれている、許容してくれている、友人がいるということは、人間を力づけてくれるものである。既に述べたように、大人となってゆくためには、両親からのある程度の分離が必要であるので、このような友人による支えは随分と有難いことと感じられる。

ところで、このような友人との連帯感は、ただそれだけに終るときは、本質的には母子一体感とよく似たものとして、むしろ、青年の成長を阻むものとして作用するときがある。たとえば、ある大学生A君は大学に行くのが何となく馬鹿らしくなって、下宿にこもりがちになってしまった。それでもあまりにさびしいと思うときは、大学に出かけてゆくのだが、誰も相手にしてくれない。そんなときに、近くの食堂でふと隣り合った同年輩の若者と親しくなった。彼は高校を出てすぐ就職しているのだが、お互いに強い親しみを感じ、下宿を訪問し合ったり、一緒に食事をしたりする仲になった。A君にとって、その友人が共にいてくれることは、何となく気分が落ちつくし、別にとりたてて話し合わなくともお互いに気持が通じ合うように感じられた。このような友情が一年あまりも続いたが、そのうちにA君は彼と一緒にいると、何となくいらいらするようになってきた。彼のどこが気に入らぬということもないのだが、ともかく、いらいらとしてくるのである。

このような現象が生じてきたのは、A君の友人関係が、もはやA君の成長を阻む方向に動きはじめているからである。確かに、この友人はA君の孤独感をやわらげてくれるという意味においては、それまでは意味をもっていたのだが、A君がそのような状況から一歩脱け出ようとするときに、何となく妨害的にはたらくように感じられてきたのである。このような気持がはたらいていたためか、二人はつまらないことで口論してしまい、しばらく顔を合わさなくなった。A君は腹が立って仕方がない。今まで自分はいろいろ無理をしてまで付き合ってやったのに――実のところ、相手も同じように感じているのを彼は知らないのだが――少しのことで立腹してしまうなど、まったく馬鹿げている。あんな人間と一生これから付き合うものかと思う。しかし、一方では、夕食を一人で食べたり、夜、一人で下宿にいると何となくさびしくて、ふと、彼が来ないかなと思っている自分に気づいて驚いてしまう。

そんなときの夜おそく、彼が突然やってきた。ともかく上れということで下宿に迎え入れると、彼が思いつめたようにして次のように話をした。彼は大学へなど行く価値がないと思い、高校卒業後に就職し、今まで立派にやってきた。しかし、自分の気づかないところで、大学生をうらやましく思ったりしていたのではないか。だから、A君と友人になり、困っているA君を慰めてやることによって、自分はやはり大学生よりはしっかりしているのだ、偉いのだと思うことに意味を見出していたのではないか、と反省したというのである。口論の種はささいなことだが、今まではいつも被保護者のような立場にあったA君が、少しの自己主張をしたことが原因であり、自分は、どこかでA君を対等の人間として見ていなかったのではないか、というのである。これを聞いてA君は、彼の率直さと、よく考えていることに感心してしまった。そのようにいわれてみると、A君にもいろいろ思いあたるところがあった。

影の共有

友人の率直な話を聞くと、A君も思いあたるところがあり、自分も率直にいってみた。考えてみると、A君たちが一番よく話が合ったのは、他の大学生たちがつまらない勉強をよくやっているなあとか、大学でスポーツばかり熱心にやって、なぜあれに意味があるのだろうとか、他の大学生たちの悪口をいうことであった。そのような点で二人は意気投合していたのだ。ところが、一年ほどたつうちに、A君も何となく大学へ出て勉強したくなってきた。しかし、それをいい出すのは友人に悪いと思ったり、今まで大学で勉強することを散々悪くいっておきながら、いまさら自分が大学へ行くというのは、かっこうが悪いと感じたりして、いい出せなかったというのである。二人とも率直に話し合って、A君はこんなことをいうと二人の友情はこれで終りになるのではないかと思ったのに、二人ともかえって以前より親しい気持になってきて不思議に思った。

友人関係はいろいろな要素から成り立っている。関係の緊密さという点にのみ目を向けるとき、それは非常によい関係であるかのように見えるが、実のところお互いの成長を妨害している関係として、「影の共有」関係というのがある。人間は誰しも

「影の部分」というべきものをもっている。自分にとっては受け容れ難い部分、生きていくことを拒否している部分、といっていい。今の例でいうと、A君もその友人も、大学で勉強するということは、共通の影の部分になっていた。したがって、二人とも大学生の悪口をいっているだけで意気投合することができたのである。われわれは自分の克服しなくてはならない影の部分に対して、それと直面する苦しさをまぎらわすために、影の部分を共有する人間関係をもち、自分の影の部分を不問にして、他人を笑いものにしたり、他人を攻撃したりして「固い友情」を誇っているときがある。そこで、その関係を「大人の友人関係」へと高めるためには、外にばかり向けていた批判の目を内に向け、A君とその友人が話し合ったように、お互いの影の部分を直視することが必要となってくる。このような話し合いを通じて、A君は大学に行くようになるし、友人は今までどおり仕事を続けながらも、自分は自分の道を歩き、他人は他人の道を歩くものとして、別に相手が大学に行っていようといまいと、それにこだわることなく友人関係を保つことができるようになるのである。

人間は誰しも影の部分をもっているし、弱くもあるから、どこかで影の共有的人間関係をもたないと苦しくて生きてゆけぬことも事実である。しかし、いつまでもそれに甘んじていてはならないのである。そのような関係が変えられてゆくときに、A君が体験したように、一時的に友人関係を切ってしまおうと思うほどの孤独が感じられ、次にそれをバネとして新しい連帯感が生まれてくるところが特徴的である。

恋愛

子どもから大人になる過程において、ほとんどの人が恋愛を体験するといっていいだろう。といっても、その在り方には人によって実にさまざまのものがある。しかし、その本質は男性と女性という異なった存在が、何らかの意味における合一を目指しているといえるだろう。性の問題について既に述べたが、恋愛において、性欲ということが直接に意識されていない場合にしても、人間存在を根底から揺するようなエネルギーの流れが、そこにはたらいていることは認めねばならない。合一への意志の背後には、人間のより完全な、より全体的なものを求めようとする傾向がはたらいている。当人たちは相当に遊び半分の気持で恋愛をしているつもりでも、そこには何らかの意味で、欠けたものを相補おうとする傾向がはたらいている、といっても過言ではない。

男性も女性も、自分には無い何らかの点を相手に見出し、それに憧れ、それを手に入れようとするし、また、せっかくの相手の期待にも応えたいと願う。このために、多くの男女は、恋愛によって成長することが多い。両親とか教師とかの忠告や助言には、まったく耳をかさなかった青年が、恋人の一言によって態度をがらりと変えることは、よくあることである。恋愛の際に動くエネルギーは、普通の場合よりも次元が異なるのである。それだけに危険も大きく、恋愛が転落の機縁となることもある。しかし、はじめに述べたように、恋愛が異なる存在の合一を目指すものであるとするならば、どうしてそこに転落の道が生じたりするのだろうか。

恋愛ということは、洋の東西を問わず多くの文学作品の主題として取りあげられ、未だに絶えることがないことから見ても、それがいかに画一的に論じられないものであるかが解るであろう。それは永遠に捉え難い要素を含んでいる。しかし、ここで大胆にごく大雑把ないい方をすると、恋愛によって両者が成長してゆくためには、何らかの意味でそこに相反する傾向が存在しなくてはならないといえる。相反するものの合一によってこそ、新しいものが生まれでてくるわけである。しかし、相反する傾向があまりに強すぎては、それは一体となるよりもむしろ離れるのが当然であり、合一へと向かってゆくためには、その過程を進ませる基盤として、両者に共通の要素がなければならぬはずである。簡単にいってしまうと、両者に共通の要素は関係の安定に役立つが、そこに発展性がなく、相反する要素は発展への可能性をもっているが、そこには離反の傾向が強い。このようなパラドックスのなかに恋愛関係が成立している。

結婚のための見合いの場合は、どうしても関係の安定性の方に注意が向けられるので、いろいろな点で男女の間の共通要素が強調されることが多い。これに対して、恋愛の場合は、どうしても発展の可能性に賭ける(あるいは、無意識的に賭けさせられる)ので、多くの相反する要素があり、本人たちの熱心さに対して、周囲はその関係の安定性に不安感を抱くことが多いようである。恋愛の場合は、それに多くの思いこみやひとりよがりが加わるので、せっかくの合一の意図は破れてしまい、破局を迎えることも多いのである。つまり、両者の間の相反する要素が強すぎて、合一へと至るまでに破壊作用が生じたり、心理的合一の道が程遠いのに、身体的な関係や、結婚という社会的な結合が先行しすぎて、そのギャップが埋められぬために破局を迎えてしまったりするのである。

恋愛には思いこみやひとりよがりがよく生じる。それは自分の心の奥底に可能性や欲求として潜在していることが、あまりにも強いために、相手がそれをもっているものと錯覚しがちになるためである。たとえば、やさしさということを強く求めている男性は、相手の女性のほんの少しの親切に対しても、深いやさしさを感じてしまうだろう。そして、彼の彼女に対するやさしさを求める気持があまりにも強くなりすぎて、彼女が彼を拒否するようになり、失恋という事態が生じることになる。このようなときに、相手の女性に裏切られたとか、自分の思いこみが悪かったとか堂々めぐりの後悔をくり返すのではなく、なぜ、それほどのやさしさを自分は期待したのか、そのようなやさしさは、自分の可能性として自分のなかにあるものを開発してゆくべきではなかったか、と考えてみることである。単純に他人を非難せず、生じてきたすべての事象を「わがこと」として引き受ける力をもつことこそ、大人であるための条件であるといえるであろう。

2　日本人として

対人関係の問題を考えてゆく上において、日本人の対人関係の在り方の特徴を知っておくことがまず大切である。この点をぬきにして、一般論的に、あるいは西洋人をモデルとして、個人と家や社会の関連を考えても、それは実状とかけ離れたものとなるのであろう。われわれはごく最近まで西洋近代の文化をモデルとし、それとほとんど変らぬ生き方をしているとさえ思っていたが、国際交流がはげしくなってきて、外国人との接触が増え、外国の事情がよく解ってくるにつれて、日本人の生き方は多くの点で西洋人と異なっていることが明らかになってきた。そのために、最近では日本人論が盛んとなり、ほとんどの読者の方がその点についてある程度知っておられることであろう。その点について、ここに詳しく述べることはできないが、「大人になる」ことを考える上で無視することのできない問題であるので、ここに簡単に触れておくことにする。今まで述べてきた「大人になる」ことは、ある程度、一般的に通用することを述べてきたのであるが、厳密にいえば、大人といっても、日本的大人なのか西洋的大人なのか、という問いが成立するほど、この問題は難しいことなのである。

日本人の自我

大人になるといえば、「自我の確立」ということを条件のひとつとして、誰しも考えるであろうが、実のところ、「自我」ということが西洋人と日本人では異なっていると筆者は考えている。まず、ひとつの例をあげてみよう。筆者がスイスに留学中のことだが、ある小学校一年生の子が成績不良というので、幼稚園へ落第させられたことを知り、驚いていると、幼稚園の先生が、日本には落第がないのかと聞かれる。小学校では落第がないというと、その先生が驚いた顔をして、「日本ではそんな不親切な教育をしていいのか」といわれる。このときに筆者にとって印象的だったのは、落第させることを「親切」と考えているという事実であった。つまり、成績の悪い子はその子に適切な級に落第させるのが親切だというのが西洋流であり、たとえ成績が悪くとも進級させてやるのが親切だというのが日本流ではなかろうか。このような考え方の差が生じてくるのは、その考えの主体となる自我の在り方が異なっているからであると考えられる。

西洋人の自我は他と切り離して、あくまで個として確立しており、それが自分の存在を他に対して主張してゆくところに特徴がある。それに対して、日本人の自我は、あくまで他とつながっており、自分を主張するよりも他に対する配慮を基盤として存在しているところがある。先の例でいえば、ある子どもが一年生に入学してくると、その子の成績がどうであれ、その子の気持を配慮して、みんな一緒になって進級してゆくようなことをよしとしなくてはならない。それに対して、西洋では成績が悪ければ落第し、落第が嫌なら進級できるよう自己主張せよ、つまり、自ら努力せよ、ということを教えるのである。日本人であれば、何もいわなくとも相手の気持を「察する」ことのできる人間になることが、大人になることといえるし、西洋人であれば、自分のことは自分で自己主張できることが、大人になることといえるだろう。このような混乱は、西洋と日本の交流が盛んになるに従ってよく生じている。たとえば、欧米に長く滞在した日本人が帰国して、何のためらいもなく自己主張すると、「いばっている」とか「勝手者だ」などと非難されるというような事実として、そのことが示されている。また逆に、長い間日本にいたアメリカ人が、帰米すると、自己主張をしないので、そんなことではアメリカでは生きていけないと友人に忠告されたと聞いたこともある。

日本人はその自我をつくりあげてゆくときに、西洋人とは異なり、はっきりと自分を他に対して屹立しうる形でつくりあげるのではなく、むしろ、自分を他の存在のなかに隠し、他を受け容れつつ、なおかつ、自分の存在をなくしてしまわない、という複雑な過程を経て来なくてはならない。しかし、その間において、他に対する配慮があまりにも優先すると、常に「他の人はどう考えているのか」、「他の人に笑われないようにしなければ」ということが強くなりすぎて、西洋人からいわせれば「自我が無い」というようなことになってしまいかねないのである。

ここで、筆者は西洋流の自我と日本流の自我を比較して、どちらがすぐれているとか、どのようになるべきであると主張するつもりはない。戦争に負けた頃は、西洋流の考えが強く、日本人の自我を「他人志向的」だなどと批判する傾向がよくみられ、最近になって日本の経済的成功が高く評価されるようになると、ある種の日本人論のように、日本人の在り方の弾力性がよいこととされたりしたが、実のところ、両者の在り方は一長一短であり、軽々しく判断を下すべきことではない、と筆者は考えている。

子育ての在り方

日本と西洋と、そのどちらがいいか解らないと述べたが、一般的傾向として、日本人が西洋の影響を受けて、西洋化されつつあることは事実である。しかし、それがどの程度、どのようになされているかについての自覚がないときは、大きい混乱をもたらすようである。

ひとつの例をあげて考えてみよう。ある若い女性が母親に付きそわれて筆者のところに相談にみえた。二年間にわたる恋愛の末に結婚したのだが、夫の両親があまりに理不尽であり、夫の理解も少ないので実家に逃げ帰ってきたのだが、これからいったいどうしたものだろうという相談であった。彼女の夫の両親に対する怒りはいろいろとあった。たとえば、母親が夫の好きな料理をつくって訪ねてくるということがあった。夫は妻の気持も知らないで、「やっぱりお母さんの料理は一番おいしい」などといいながら喜んで食べ、自分のつくったものを少ししか食べなかった。しゃくにさわったが辛抱していたら、その後、夫が母親に長電話した後で、母親に対して先日の料理の礼をいうために電話に出ろという。あまりにも自分の気持を無視していると思って、「出る必要ないでしょ」というと、夫は親をないがしろにすると怒り出した。あるいは、夫と一緒に両親の家に招かれたとき、両親と話していてもそれほど面白くもないし、夫と二人で、以前の夫の部屋にゆき長々と話をしていた。すると、父親がもっと親の気持も考えろと文句をいった。すると、夫はすぐに両親の部屋へ行ってしまった。

このようなことを考えると、夫は両親や家に縛られていて、まったく自立できていないと思う。夫と自分が楽しそうに二人で話をしていたら、もし自分の子がかわいいと思うのなら、夫が楽しく時間をすごしていることを喜ぶべきなのに、それに対して文句をいうのは身勝手だと思う。母親にしても、いかに料理自慢であれ、それをもってきて、まるで妻の自分の料理下手にあてつけるようなことをすべきではない。……などなどと不満はいくらでも続き、付きそってきた母親も、まことにもっともだとうなずかれるのである。

このような話は日本中に満ちているといっていいことだろう。この女性のいうことは半面は正しいのだが、全面的に正しいとはいい難い。夫が両親から自立していないと非難するのなら、少しのことで実家に逃げ帰り、母親に付きそわれて相談に来る自分は、両親から自立しているといえるだろうか。夫が楽しく自分とすごしていることを、子どもがかわいいと思うかぎり、親は無条件に喜ぶべきだという考えが正しいのなら、もし、彼女が夫を愛しているのなら、夫が母親の料理を喜んで食べているのに対して、妻はそれを無条件に喜ぶべきだということになるだろう。どちらもまったく五分五分なのである。

昔の「嫁」なら泣く泣く辛抱したことであろう。辛抱せずに自己主張するようになることは、西洋流になったということである。しかし、彼女がここで本当に「西洋流」であるなら、泣いて実家に帰ったりはしなかったであろう。自分の考えを夫に告げ、それに対して、夫の方も自分の考えを妻に告げることになるだろう。その上において、いったいどうするのかを二人で力を合わせて考え抜いてゆくだろう。ここで注意すべきことは、われわれは他人を非難するときは知的機能に頼りやすいので、「頭」に覚えこんでいる西洋流の考えを使いやすい――たとえば夫が「自立」できていないなどと批判する――が、いざ「生きる」となると、それまでの「体」にしみついていることが出やすいので、日本流に行動してしまうことになるということである。これを「子育て」という点からいえば、われわれは子どもを育てるときの基本姿勢としては、知らず知らずに日本流にやっていながら、知的には西洋流にやっていることを反省すべきではなかろうか。そして、この女性の両親のように、自分の育て方について反省するのではなく、娘の一方的な論理にそうだそうだと同調してしまうのである。この娘さんも、成績が悪かったら一年生から幼稚園へ落第させるような「親切な」教育を受けていたら、これほど甘い考えに頼って、自己主張することはなかったであろう。

「子育て」といえば、赤ちゃんのときから日本と西洋では育て方が異なっている。そのことを知らずに、小さいときは日本流に育てておいて、大人になってから急に西洋流にしようとしても無理があるというものであろう。欧米では、母親が忙しくしている間に、父親が小さい子にお話をしてやったり、本を読んでやったりして寝かしつけることを見聞きしたが、こんな実態を知らず、子どもを「自立」させるために、日本人が西洋の真似をしているつもりで、小さい子を両親がともにほうっておいて、正常な発達を歪ませてしまうような例もあった。これもまったく困ったことである。異文化を取り入れることは、なかなか簡単にはできないことなのである。

これからどうなる

それでは、われわれ日本人としてはどうすればいいのだろうか。既に述べたように、日本人が西洋化されてゆく傾向が、現代においても強いことは事実である。われわれは簡単に後へはもどれない。いまさら、イニシエーションを行なっていた未開社会にもどれるはずもないし、明治はよかったなどといっても、明治にもどれるはずはない。それに、それぞれの社会、それぞれの時代において、それ相応に良い面もあれば悪い面もあるのも事実である。われわれがある程度モデルとしてきた西洋社会においても、むしろ、その行きづまりが見えつつある状態である。

われわれにとって今もっとも大切なことは、従うべきモデルが無いことを、はっきりと認識することではなかろうか。モデルが明確に存在するとき、ある程度ハウ・ツー式のことがいえるはずである。現在、「大人になること」について、これほど語ることが難しく、ハウ・ツー式のことが述べにくいのも、結局はモデルが無いからである。昔からの日本流も駄目だし、西洋流も駄目なのである。そうすると、いったい「大人になる」とは、どのようになることか、モデルが無ければ判定のしようもないじゃないか、といわれそうだ。この点に関しては、モデルが無いことを認識し、モデルの無いところで自分なりの生き方を探ってゆこうとし、それに対して責任を負える人が大人である、といえるのではなかろうか。大人になるという決められた目標があり、そこに到達するというよりは、自分なりの道をまさぐって苦闘する過程そのものが、大人になることなのである。

このように「大人になること」を考えると、既に第一章に述べたような「つまずきの意味」が余計はっきりとするであろう。自分なりの進むべき道は、つまずきを通じてこそ知ることができるとさえ、いうことができる。たとえば、家庭内暴力の場合を取りあげてみよう。この点については既に第三章において取りあげたが、この問題を「日本人」の問題として考えてみよう。家庭内暴力の子どものひとつのタイプとして、親に対する要求がだんだんとエスカレートしてくるのがある。はじめは、単に、食事に連れて行け、と要求していたのが、だんだんと高級のホテルに行くことに変り、それもホテルで食事をしても、後になって、あれはまずかったとか、もっと他のホテルへ行くべきだったと文句をいう。あるいは、父親がもっとも忙しいときに、一緒に食事に行こうなどという。つまり、だんだんと要求は実現不可能なことへと変化してゆき、今は駄目だからこの次にとか、少しは辛抱しなさいなどと親がいったときに、暴力をふるってしまう。その後は、まったく同様のことの繰り返しとなる。なかには、なぜ俺を生んだのか、と両親を責めたてて殴る子どももいる。

これだけの話を聞いていると、子どもがまったく不当なことをしているように見える。しかし、その底流として存在しているのは、子どもが何かを要求したときに、親が自分の判断と責任において、はっきりと「ノー」といわなかったという問題なのである。「自分の判断と責任において」と言うことは簡単である。しかし、このことは日本の男性にとって極めて難しいことである。われわれ日本の男性は、既に述べた日本的自我の特性に従って、何かを決定するときに自分の判断に頼るよりは、「他の人々はどう考えてるかな」と他を配慮する癖がついてしまっている。あるいは、少しくらい無理な要求でも、もし自分が妥協できるならば妥協して、あまり波風のたたないようにしたいと思う。ところが、子どもたちは、それが気に入らないのである。子どもは、西洋流の父を無意識的に望んでいるのである。

子どもたちが、この点についてあまりにも無意識だということもあって、解決はそれほど簡単ではない。しかし、ここで強調したいことは、一見理不尽に見える家庭内暴力というつまずきにしても、そこには「大人になる」ための大切なきっかけが存在しているということである。しかも、その「大人」の問題は深刻で、従来からの日本的大人では不十分であり、西洋的な面も必要であることを示しているのだ。家庭内暴力において、父親が弱いから強くならねばならない、したがって昔の頑固おやじの復活が望ましいなどと考える人があるが、事態はそんなに簡単ではない。日本の昔流の頑固おやじは、西洋流の観点から見れば、腕白小僧くらいにしか見えないのではなかろうか。そして、繰り返しになるようだが、家庭内暴力の子どもにしても純粋の西洋流の父を望んでいるわけではない。そのような要素の必要性を示してはいるものの、彼らも日本人であり、日本流にも育ってきているので、日本的な要素が必要なことも当然である。だからこそ、われわれは、家庭内暴力の子どもに対して父親はこのようにすべきだなどと、ハウ・ツー式の解答を与えることはできないのである。ただ、われわれとしては彼らの行為にも、大人に対する正当な問いかけがあり、彼らもいったいどのような大人になるべきかと、彼らなりの探索をこころみていることを忘れてはならないのである。

3　家と社会

日本人としての問題を論じたので、これとの関連において、家や社会と個人との関係について考えてみることにしよう。子どもは大人になるときに、家や社会のことを必ず考えねばならない。ともかく社会の成員としての役割を果たさなければ大人といえないのだから、これは当然のことである。

家のしがらみ

本書の一番はじめに、家出をした高校生の例をあげたが、子どもが自立してゆこうとするとき、いかによい家庭に育っても、家を自立を妨げるしがらみのように感じることは事実である。しかし、本当の意味で、家から自立してゆくことは、日本人にとってなかなか難しいことである。

ある若い女性が恋愛をし、結婚をしようと思ったが、父親がどうしても許してくれない。とうとう自殺を企図したが、未遂に終り、筆者のもとに相談に来られた。彼女の話によると、彼女の恋人はなかなか素晴らしい人間なのだが、何かにつけて父親と反対なのだという。父親は堅実なサラリーマンで、こつこつと着実に人生を歩んでいく方であるのに、恋人はむしろ腹の太いタイプで、今は一応サラリーマンだが、近い将来は自営業をやりたいと大胆な計画をもっている。父親は煙草は吸わないし、酒も少ししか飲まないが、彼の方は酒も煙草もやるという。彼の話を聞いていると、彼女としてはまったく頼もしい感じがするのだが、彼を一度家に連れてくると、父親はあんないい加減な人間は駄目だときめつけてしまったのである。もう少し話を聞いてみると、彼女は実は父親が大好きであったし、父親も彼女を随分と可愛がってくれたという。父親のような人と結婚して、自分も堅実な家庭を築きたいなどと思っていたのに、同じ職場の彼に対して、だんだんと惹かれるようになったのだという。

彼女の語るところによると、彼女としては、父親の気持がむしろよく解るというのである。父親としても自分の娘が堅い男性と結婚し、自分も安心して見ていられる家庭を築くものと期待していたであろう。それに彼女が連れてきた恋人は、そもそも酒や煙草が好きだというだけで、父親から見れば失格であろう。父親が自分に今までしてくれたことを思い出すと、こんな恋人と結婚したいということは、まったく父に対して申訳なく思う。しかし、かといって自分は結婚をあきらめることができない、というのである。そこで、私は彼女に対して、彼女がそこまで父親の気持が解り、すまないと思うのだったら、父親に対して本当に心からすまないといったことがあるかを尋ねてみた。答は否であった。私は随分と冷たいいい方だと思いながらも、次のようにいった。「あなたにとって、父親に本当にあやまるよりも、死ぬことの方が容易だったのですか。」

家から、あるいは、親から離れようとするとき、ある程度の無理をしなくては、なかなか成就しないときがある。彼女の場合は、自分でも自覚しているとおり、父親との結びつきが強かったためもあろう。父親と正反対の人物を選んでくることによって、父親からの分離を果たそうとした――といっても、これはある程度無意識のうちに行われることが多いのだが。彼女は自分の心の底から生じてくるこのような力に対して、従わざるをえないと感じると共に、それが父親にとってどれほど悲しいことであるかを知っていた。しかし、彼女はそのことをはっきりと親にいえなかった。ここに、彼女の強い甘えがある。自立しようとする者は、親に対しても人間と人間としての務めを果たさねばならない。すまないと感じるかぎり、すまないというのが人間の務めではないだろうか。

彼女が筆者に対しては、父親にすまないと繰り返しいったように、彼女も他人に対してなら、あやまるべきときはあやまることのできた人であろう。しかし、家族に対しては、するべきことをしなくても許されるという甘えがあり、そこを克服するよりは、まだ死を選ぶ方が容易なのであったろう。（もちろん、筆者との話し合いの後で、彼女は父親に正面からあやまり、事態は好転したのだったが。）家から自立しようとするものは、家族に対して正面から話し合う覚悟をもたねばならない。このことをせずに、ただ家から飛び出るだけでは、既に述べたように、孤立にはなっても、自立にはならないのである。

家から飛び出ても、本来的には家との結びつきが切れない形として、疑似家族の問題がある。一番典型的な場合が、家出をしてやくざに仲間入りしているような例である。やくざ仲間というのは、強力な日本的家族集団である。そのしがらみは普通の家よりはるかに強いものである。こんな場合は、その青年は自分の家から離れただけで、心理的な面からいえば、ますます「家」に取りこまれていったといわねばならない。つまり、やくざ仲間というのが、疑似家族を形成しているのである。既に日本人の自我特性を論じた際に述べたように、日本人は西洋流の自立が下手であり、家族的な人間関係によって結ばれていてこそ安心するところが強い。したがって、自分では家から自立したつもりでいても、疑似家族のなかに安住していることが多いものである。そのようなまやかしに頼るよりも、むしろ、家のしがらみを避けることなく、それを生きていることの方が大人であるというべきかも知れない。ともかく、家のしがらみを避けていては、大人にはなれないのである。

社会とのつながり

大人になることは、社会の成員となることである。その社会のもつ規範を取り入れ、また、その社会を維持してゆくことに貢献しなくてはならない。しかしながら、われわれは未開社会のように、社会を不変の決定されたシステムであるとは考えず、それが進歩してゆくものと考えている。したがって、社会の成員になるということは、既成の枠のなかに自分を入れこんでゆくこととはかぎらず、枠そのものの変化の過程に自ら参画してゆくことだということができる。社会の成員になるということは、既成の鋳型のなかに自分を流し込むことではないのである。

青年期は家の建てかえをするようなものであると述べた。青年期とは、自分自身の変化と社会の変化ということが、微妙にからまる時期である。目をもっぱら外に向けて、社会への奉仕とか変革とかに熱中しているうちに、内的にも変化が生じて立派な大人になる人や、目をもっぱら内に向けて、自分の内的な世界の変革に力を注いでいる人も、知らぬまに社会人として通用する大人になっていることもある。内的、外的と言っても、これらは思いの外にからみあっていて、どちらか一方のことに真剣にかかわるかぎり、他の一方のことが関係せざるをえなくなってくるものである。ただ、その人の個性によって、どちらか一方が得意である、ということは生じてくる。

青年期においては、ともかく強い変動が内的に生じているので、何か新しいもの、何か変化するものを求める傾向が強くなるのは当然である。青年期の初期においては、それは極端な場合、たとえ事態が悪くなろうとも、何らかの変化であれば歓迎したいというほどのものになる。「大人たち」の好きな安定ということが、もっとも我慢ならないのである。このような強い変革願望を、社会というある程度できあがっているシステムのなかに、どのようにもちこむか、ということが青年期の課題なのである。それは単純な場合には、少し変った服装をしてみるということに表わされるであろうし、強力な理論武装をもって社会に変革を要求するという、強い異議申立てとして表わされることもあろう。

一応できあがったものとして存在している社会と、何らかの意味でそこに変革をもたらそうとする青年の力と、それらの烈しいぶつかり合いのなかで、青年は鍛えられて大人になってゆくのである。大人たちは、青年の変革への強い意志に対して、それが時に途方もない形をとって表わされるにしろ、深い理解をもつと同時に、青年の前に強い壁となって立ちはだかり、それをはねのける強さをもたねばならない。そのようにして鍛えることによってこそ、青年は社会の成員として育ってくるのである。青年の内なる衝動を社会へ受け容れられる形において示す窓口として、どのような職業を選ぶかという問題が生じてくる。

職業の選択

人間は職業をもち、その収入によって自分および自分の家族を養うことによって、大人になることの条件のひとつを満たすことになる。その際に、どのような職業を選ぶかということは大きい問題である。現在においては、われわれはどのような職業でも好きな職業を選ぶことができる。封建時代のように身分が固定した時代のことを考えると、われわれはかつてない自由を享受していることになる。しかしながら、人間にとって伝統とか血のつながりなどということも、思いの外に大切なことのようである。

先にあげた菓子職人の父子の例では(五五頁)、息子は、いったんは父の意志に反したようでありながら、やがて父の職業について理解を示すようになった。父親の職業、あるいは、祖先伝来の仕事などというものは、思いの外の影響力をもっているものである。あるいは、父親とまったく異なった職業についているようでも、父親が職業人としてもっている気質や態度などを、そのまま新しい職業のなかに形を変えて引きついでいるようなこともある。現在は何をしても自由であるし、せっかく他の可能性をもちながら、自分の父親や先祖の仕事に縛られるのは馬鹿げていると思われるが、やはり、伝統的に引きついできたものの価値についても考慮することは必要である。そして、たとえ、父親とまったく異なった仕事についたとしても、父親の継承者として何を継承しているのだろう、などと考えてみることは、自分の職業の質に幅をもたせることになるだろう。人間はそれほど簡単には、自分の育ってきた土壌から切り離されないものなのである。

職業の選択や配偶者の選択においては、思いがけない偶然性が伴うときがある。職業や配偶者は、その人にとっての人生の一大事であるのに、偶然によって決めるなど、まったく馬鹿げているように思われるが、実際には、その結果が上々であることも少なくないのである。友人の見合いについて行って、その相手に気にいられて幸福な結婚をした人、買物に行った店の主人から仕事を手伝わないかといわれ、それから、だんだんと成功していった人、などなど考え出すといくらでもいるものである。これとは逆に、大きくなったら「××」になるといい、ひたすらそれに向けて努力して来ながら、実際には不成功に終っている人もある。このことは、人生の不思議さといってしまえばそれまでだが、職業や配偶者の選択のような、あまりにも重大なことになると、人間の意志や思考のみに頼っていては、あまりよい結果をもたらさないことを示しているのかも知れない。絶対にこれをやり抜くとか、どう考えてもこれが一番よいとか、あまりにも生真面目な態度をもつときは、野球における打者の「肩に力がはいっている」状態や、投手が「考えすぎると、かえって打たれる」状態に似てくるのであろう。深い必然性をもったものほど、人間の目には一見偶然に見えるといってもよく、そのような偶然を生かしてゆく心の余裕をもつことが、職業選択の場合にも必要であろう。もっとも、偶然を生かすことと、偶然に振り回されることは、似て非なるものであることは、いうまでもないことである。一所懸命に行為してゆくにしろ、どこかに偶然がはいりこんでくるゆとりを残しておくことは、大人であるための条件のひとつといっていいだろう。

4　援助者の役割

今まで述べてきたなかで、子どもが大人になるときの援助者となる大人の役割については、いろいろと明らかにしてきた。特に、実例をあげた話のなかでの、援助者の動きによって、重要な点はよく感じとっていただいたことと思う。ここではそれらをまとめて簡単に述べることにしたい。

見守ること

青年たちの成長を援助するものとして、それを「見守る」ことはもっとも大切なことといっていいだろう。確かに、適当な忠告や助言を与えたりすることは大切である。

しかし、忠告や助言を与えてくれる人は、あんがいいるものだし、忠告や助言によって立ち直れたり、成長したりする人は、なかなか立派な人で、そのような人は、援助者をあまり必要としない人といってもいいだろう。成長することはなかなか苦しい道であり、長期間を要することである。そのときに、その過程を見守ってくれる人があることは、随分と心強いことなのである。

筆者は心理療法家として、多くのつまずきを経験した人が立ち直ってゆくのを援助することをしてきた。筆者の仕事の中核は、実のところ、「見守る」ことにあると思っている。多くの人が、つまずきから立ち直る「よい方法」を筆者が教えてくれると思ったり、何か助言を与えてくれるものと期待して、筆者のもとにやって来られる。しかし、今まで何度も繰り返し述べてきたように、ある個人が本当に成長することは、「その人なりの」道を自ら見出し、つくりあげてゆくことであり、他人がかるがるしく教えたりできるものではないのだ。したがって、その間、その人が苦しい道を進んでゆくのを見守ること以上に、することはないのである。といっても、このことがどれほど難しく、苦しいことだと解っていただけるだろうか。

見守るということをもう少し詳しくいいかえてみると、その人にできるだけの自由を許し、常に期待を失わずに傍にい続けることだといえるだろう。例をあげて考えてみよう。たとえば、失恋で悲しんでいる青年が、もう死んだ方がましだという。死ぬ場所を探すために旅に出たいなどといい出したとき、われわれは彼に「自由を許して」いいのだろうか。もし彼が本当に自殺したりすると、取り返しのつかないことになる。あるいは、ある青年が職業につくが些細なことから上司とけんかをして辞職してくる。こんなことを数回も繰り返して、もう一度就職したいというときに、われわれは「期待を失わず」にいることができるだろうか。一般にいって、援助を必要とする人は、期待がもちにくかったり、自由を許したくないと感じられるような人である。それに対して、期待を失わず、自由を許すことにこそ意味があるのである。

期待をもち続けるためには、人間の可能性を信頼することを学ばねばならない。ほとんどの人が「あいつは駄目だ」とか、「期待をしても無駄だ」というとき、それはその人の目に見える状況のみから判断している。しかし、人間には潜在力があり可能性がある。そして、それは期待を失わずに見てくれている人との人間関係を土台として開発されてくるのである。このようなことは、口先だけでいっても駄目で、実際に体験しないことには、なかなか解らないであろう。しかし、他の誰からも見放された人に対して、期待をもち続け、それによってその人がだんだんと成長し変化してくることを体験すると、それはその後の強い支えとなるものである。

期待をもち続けるためには、われわれはものごとをよく見ていないと駄目である。以前にも上司とけんかして辞職し、今回もまた同じことをやってきた、だから、もう望みはない。というように簡単に判断を下すのではなく、以前は上司と争って自分の正当性ばかり主張していたが、今回はやや口ごもりながら話をしたり、自分の方にも少し非のあることを認めていた、などというようによく見ていないと駄目である。「ちっとも変化しない、よくならない」と嘆く人が多いが、世の中に「同じ事」など起こるはずはないのである。同じ事の繰り返しなどという前に、何か変ったことはなかったかとよく考えてみる必要がある。少しでもよい変化があれば、それに期待をよせてゆくのである。

自由を許すこともなかなか大変である。自殺の自由まで許すことができないのは当然だ。しかし、自殺したいという話を、とめずにそのまま聞いていると、自分からやはり自殺を思いとどまって頑張ってみますという人もある。だから、あわててとめる必要はないので、こちらの限界まではぎりぎりのところまで、相手についてゆくべきである。こんなときは、援助者の方の許容量と、青年の心の底にある破壊力とのぎりぎりのところでの勝負といった感じがするものである。難しい人を相手にしていると自分の器量の小ささを痛感させられるが、頑張って続けているうちに鍛えられて、こちらの器量も少しずつ大きくなってゆくものである。

第三章に紹介した『思い出のマーニー』においても、薄幸な少女アンナがだんだんと癒されてゆくためには、アンナをあずかってくれた老人夫婦のペグさんたちが、アンナを見守り、アンナの自由をできるかぎり許してくれたことが大きく役立っている。ペグ夫妻の見守りのなかで、アンナを癒してくれるマーニーという少女が、アンナのたましいの国から出現してくる。アンナを癒したのはあくまでアンナ自身のたましいのはたらきであり、それを促進するものとして、ペグさんたちの見守りが必要だったのである。

対決

可能性を信頼するとか、本人のたましいのはたらきによって自ら癒されるとかいえば、いいことずくめに聞こえるが、この過程には大きい危険性が伴うことを指摘しておかねばならない。たとえば、登校拒否症の青年を、ずっと期待をもって見守っているると、だんだん元気になってくるのはいいが、「家出したい」などといい出すときがある。家出という行為の背後に自立の意志が存在していることは感じとられるにしても、実際に家出をしてしまうと、そこに危険なことが生じる率も随分と高いのである。

それでは、家出をやめさせるかというと、簡単にそれをとめてしまったのでは、せっかくの自立の意志をも摘みとってしまうことになる。援助者としては、いったいどうしたらいいのか切羽つまってしまう。このようなぎりぎりのところに追い込まれ、援助者が苦悩するからこそ、相手の成長を助けられるので、自ら苦しまずに相手の役に立とうとするのは虫がよすぎるのである。「見守る」ことは大変なことなのである。

ある大学生が勉強はもちろん、何もする気がしないという訴えをもって、カウンセラーのところに相談に来た。たびたびやってきて話をしているうちに、彼の父親がどれほど冷たい人であるかという不満を述べるようになった。大学生の息子である彼とほとんど話をしない、何をしていても無関心で、お金をやっておけばいいだろうと思っているというのである。カウンセラーも彼の気持がよく解り、大変なことと思っているうちに、あるとき、彼がカウンセラーに対して、何とか自分の家まできて父親に対して説得してほしいと要求した。これに対して、カウンセラーは、それはできないと拒否した。彼はそこで大変に腹を立て、カウンセラーなどといっても冷たいものだ、解ったようなことをいいながら、いざというと何もしてくれない、と強く非難した。しかし、これに対して、カウンセラーは断固として反対し、彼は立腹したまま退室した。しかし、その後で彼は父親に向かって、その冷たい態度を正面から批判し、これに対して父親は驚き怒りながら、とうとうお互いが本音で話し合うことになり、両者の関係が好転するきっかけとなった。

このような「対決」が必要なときが、ときどきある。ここでカウンセラーのとった態度は、絶対に正しいとはいえない。時には、カウンセラーといっても父親に会いに行った方がいいときもある。しかし、相手に対して真剣に対応しているもののみが、その場で感じとれる「これだ」という答が存在する。この場合のカウンセラーは、自分の内心からの呼びかけに従って、断固として父親に会うことを拒否したのである。そして、この大学生がカウンセラーに対してあびせかけた非難は、いみじくもそのまま父親に対して通用するものであり、彼はここでの対決をステップとして、父親と対決することができたのである。こんな場合における一番馬鹿げた答は、「君の気持はよく解る。しかし……」と何かもっともらしい理屈をつけて断ることである。この答では、正しすぎて相手は黙って引き下るより仕方がないのである。援助者の方が「よい子」になってしまうと、相手は何もできない。「断固反対」というように、カウンセラーがそこに自分の存在を賭けてこそ、相手も何らかの反応ができるのである。第三章の例において(六六頁)、「あなたのしていることは理屈抜きで悪い」と筆者がいったのも、まったく同様のことである。

家庭内暴力をふるう息子に対して、どうしたらいいのか悩んでいた父親があった。家庭内暴力の息子を立ち直らせた父親があるというので体験談を聞くと、その人はついに裸になって息子と取っ組み合いをやり、それが契機となって息子がよくなっていったという。そこで、自分もやってみようと思い、裸になって息子にかかってこいといったものの、息子にさんざんにやられて死にそうになって逃げ出してしまい、かえって息子にますます馬鹿にされて困ったという。これは同じようなことをやりながらも、一方は切羽つまったところから自然に生み出されたものであり、他方は他人に聞いた方法によりかかろうとしている点で、まったく異なっている。前者は真の意味で対決になっているが、後者は対決の姿勢をまったく欠いているのである。対決というのは、自分と相手との間のみならず、自分の心のなかで厳しく行われていないと本ものではないのである。子どもたちは、本ものと偽ものとを直観的に的確に判断する能力をもっている。

裏　切　り

他人を援助しようとしている人で、いわゆる裏切りを体験しない人は、まず無いであろう。もっとも典型的な例としては、次のようなのがある。高校生で窃盗や家出を繰り返す生徒があった。家庭も不幸であり、彼に同情した担任教師が彼を自分の下宿で一緒に住まわせることにした。すると、彼の素行は見違えるようによくなってきた。他の教師からもよくやったとほめられて担任教師も鼻高々でいたところ、その生徒が担任教師の月給を盗んで家出をしてしまったのである。このような例に接してどう思われるだろうか。だから非行少年には気が許せない、と思われるだろうか。

このようなことは、実はよく起こることである。この場合にもいろいろなことが考えられる。まず考えられることは、担任の先生がいい気になっていなかったかということである。自分が下宿させて指導しているのでよくなったと自慢の種にされていることが感じられたとき、この生徒はどう思うだろうか。先生は自分に対する愛ではなく、ただ自分を利用するためにやっていただけではないのか。それなら、自分はしっぺ返しをしてやろう、と思っても不思議ではない。

あるいはこんなことも考えられる。彼は不幸な家庭に育って、父や母に何度も裏切られたことだろう。今度こそうまくゆくと思ったときに、親に裏切られ続けてきたので、彼はその悲しみや苦しみを、自分のことを親身に思ってくれているらしい担任教師に対して、実際に体験することによって解ってもらおうとしたのではないだろうか。「先生、腹が立ったでしょう。人間というものが嫌になったでしょう。そのことを僕は何度も何度も経験してきたのです」と、彼は伝えたかったのではないだろうか。

あるいはこんなことも考えられる。担任の先生があまりにも熱心なので、彼もそれに応えて、よい子になろうとした。しかし、考えてみると人間が変化してゆくのには、それ相応の期間がいるものだ。彼は先生のペースに合わせて頑張りすぎたので、この辺で息切れがしたのかも知れない。彼は「先生、少し焦りすぎです。もう少しぼちぼちやりましょう」といいたがっているのかも知れない。

ここに思いついたことを書いてみたが、この三つともすべてが正しいかも知れないし、三つとも間違っていて、他にあるかも知れない。大切なことは、青年の行為をすぐに「裏切り」などと断定せず、その行為によって彼は何を伝えようとしたのか、というように、コミュニケーションの手段として考えてみることである。それによって、次にどうすればよいかということが解り、また、期待をもって彼に会うことができるのである。一度は姿を消しても、われわれが期待を失わずに待っているかぎり、彼は必ずわれわれの前にやってくるということができる。

考えてみると、一回や二回の親切で人間が立ち直るのなら、話が簡単すぎるというものである。何度も同じようなことが繰り返されつつ変ってゆくのが当然であろう。それを「裏切り」などと考えるのは、援助者の傲慢というものであろう。

第五章　大人と子ども

今まで述べてきたことによって、大人になるとはどういうことか、なぜそれが現在においては難しいのか、ということの大体のアウトラインが解ったことと思う。本章は全体のまとめとして、もう一度、大人とは何かを問いつつ、現在に大人として生きることの意味を考えてみたい。

1　大人とは何か

未開社会においては、大人と子どもが判然と区別されており、そこにはイニシエーションという制度化された儀式があり、それによって子どもは大人になることができた。既に述べたように、近代社会になって、われわれは人間の個性や自由を尊重し、社会の進歩を目指すようになって、必然的にイニシエーション儀礼を廃止してしまうことになった。そこで、大人になることは、個々人の仕事としてまかされることになり、それだけにそこに困難が生じることになったのである。したがって、子どもと大人の境界はあいまいとなり、そもそも大人ということを明確に定義することさえ難しい状態になってきた。この点についての筆者の考えは、既に述べてきたが、ここではそれらをまとめる形でもう一度考えてみることにしよう。

さまざまの次元で

大人になるということは、生理的、社会的、心理的な次元において、それぞれ考えることができる。生理的には身体が成熟し、生殖機能を営めるようになったとき、大人になったといえるわけである。あるいは、法律的に自分の行為に対して責任を負えるという観点から、法的には二十歳で大人になると決められている。このような観点からすれば、生理的・法律的には立派に「大人になる」ことができた人が、社会的・心理的な面から見ると大人にならないままでいることが多く、このギャップのために現代人の苦しみが存在すると考えられる。

社会的な意味での大人といっても、たとえ、職業をもち自分で自分の生計を営んでいるとしても、それは社会的に大人といえるかどうかという点では問題があるかも知れない。つまり、われわれの社会を維持し発展せしめてゆく上において、どれだけ貢献しているのか、という点から見れば、まだまだ不十分ということになることもあろう。その点、社会が複雑になると共に、大人として社会に負う義務がかえって不明確になってきて、別に何ら社会のことなど考えなくとも、一応は社会人として通用できるのが近代人の特徴であるといえる。むしろ、未開社会の方が個々人のその社会に対して果たすべき義務は明確なものであるといえる。

このような社会に対する怠慢さが許容されることと、一方ではコンピューターの導入などによる管理体制の発達のため、われわれは一方ではかつてない自由を得ているようでありながら、他方では、ほとんど自由をもっていないという状況に追いこまれつつあるともいえる。このような点で、社会的次元における大人になることの意義をもっと考え直す必要があると思われる。

心理的次元のことについては、今まで詳しく述べてきた。それによっても心理的な自立ということが極めて難しいことが明らかになったであろう。ただここで、自立ということを依存ということのまったくの対立概念として捉えないことが大切である。自立は孤立ではないということいい方をしてきたが、そのような観点からすると、適切な依存ができる人こそ自立している、という逆説的ないい方さえできるのである。青年期には直線的に自立を求めようとして、いわば依存による自立の裏打ちとでもいうべきことを忘れることが多いので、その点によく注意しなくてはならない。

大人になるためには、何らかのことを断念しなくてはならぬときがある。単純なあきらめは個人の成長を阻むものとなるだけだが、人間という存在は、自分の限界を知る必要があるときがある。これは真に残念なことだが致し方ない。単純なあきらめと、大人になるための断念との差は、後者の場合、深い自己肯定感によって支えられている、ということであろう。自分としては、ここが限界だからここまでで断念しようとか、二つのことは両立させ難いのでこちらをとろうとか、どうしても成就し難い恋を断念するとか、もちろんそのときは苦しみや悲しみに包まれるだけのときもあろう。しかし、それによって大人になってゆく人は、そこに深い自己肯定感が生じてくることを感じるであろう。

この点については、青年を援助、指導する人がよく知っていなければならないことである。人間はすべてのことができるはずがなく、何かができない、ここが限界だと解るときがある。そのときに、そのことのみによって人を評価するのではなく、勉強ができないとか、どうも人とうまく話せないとか、いろいろの欠点があろうとも、そんなことは人間本来のもつ尊厳性にかかわりのないことを、指導する立場にある人が、はっきりと腹の底に据えて知っていることが大切である。そのような人との人間関係を通じて、青年は自分の無能力を認識しつつも、自己嫌悪に陥ることなく、立派に大人になってゆけるのである。

日本人と西洋人との比較について述べたが、日本の標準では大人であっても、西洋の標準では大人になっていないこともある(この逆もいえることだが)、などと考えてみるのも興味深い。これからは国際化がますますはげしくなるので、このような観点から、大人になることを考えてみる必要は、ますます強くなるであろう。ただし、既に述べたように、このような点にまで話を拡大してくると、モデル無しの状態となり、大人になることの問題は極めて難しい問題となってくるのである。したがって、それは極めてやり甲斐のある仕事だということもできるのであるが。

世　界　観

大人であるということは、その人が自分自身のよりどころとする世界観をもっている、ということである。一人前の人間として、自分なりの見方によって、世界を観ることができる。あるいは、自分という存在を、この世のなかにうまく入れこんでいる、あるいは位置づけているといってもよい。もう少し深く考えると、自分という存在は、いったいどこから来て、どこへ行くのか、という問題にも突きあたってくる。家庭内暴力の子どもが、両親に向かって、「どうして俺を生んだのか」と怒鳴りつけるとき、それは無茶苦茶なことをいっているようだが、いったい人間はどこから来てどこへ行くのかという根源的な問いを、両親に向かって発しているとも考えられるのである。衣食住に関して十分に与えさえすれば、それで親の役割は終ったと思っているのか、自分が生きてゆくのに必要な世界観の形成という点において、親は今まで何をしてくれたのか、と子どもたちは鋭く問いかけているのである。

仏教的世界観や儒教的世界観、あるいは民族信仰などにもとづく世界観を、ひとつの社会に属する人がすべて共有しているとき、この点についてはあまり問題はなかった。これらの世界観は、人々と世界の関係について述べてくれるものであった。しかし、近代になって自然科学が盛んとなるにつれて、自然科学的な知識は、これらの宗教的世界観が与えてくれる考えに一致しないところが多く、人々の心はだんだんと宗教的世界観から離れていった。しかし、実のところ、自然科学は強力なものであるが、人間がどこから来てどこへ行くのか、私はなぜこの世に存在しているのか、などという根源的な問いには答えてくれないのである。

自然科学が宗教的世界観を破壊する一方で、何らかのイデオロギーを支えとする世界観が成立してきた。イデオロギーにもとづく世界観は論理的によく整っていて、説得力があり、多くの若者の心を惹きつけてきた。しかし、一九七〇年頃から、世界の状勢に照らしてみて、イデオロギーにもとづくユートピア建設がどれほどまやかしものであるかが、だんだんと一般に解ってきたように思われる。イデオロギーに頼るときは、理論的にすっきりと何が善で何が悪かを判定できるので、若者たちの間に魅力があったのは当然である。しかし、それは理論的な見事さを、現実を無視することによって得ているようなところがあった。この点に現代の青年たちは気づきはじめたのである。

大人になることが難しい現代の特性は、この点にもあると思われる。何らかの宗教やイデオロギーが画一的な世界観を与えているときは、その線に沿って、大人になることができるし、どうすることが大人であるかも比較的明確にいえるだろう。しかし、それも駄目、これも駄目となると、青年はいったい何に頼ればいいのか、まさにしらけざるをえないであろう。このような点で、現代の青年は大人になることが実に難しいという事実を、われわれ大人はよく了解していなければならない。

ひとつのイデオロギーを絶対化することが難しいとすれば、どうすればいいのか。その答は間接的にではあるが、日本と西洋の問題を論じた際に述べておいた(一〇九頁)。現代は、ひとつのイデオロギーに頼って単層的な世界観をもつのではなく、もっと重層的でダイナミックな世界観をもたねばならない。まさに「観」というにふさわしい、全体を見渡したヴィジョンをもたねばならないのである。それはひとつの規準に照らして、何が善であり何が悪であるかを判定するのではなく、一見悪と見えるものさえ包みこんで、全体的な世界を構築するような「観」を見出してゆかねばならないのである。このような大変なことであるので、筆者としては、むしろ、世界観を明確にもつことによって大人になるというよりは、既成のモデルに頼らずに、自分なりの世界観を築こうと決定し、その過程を進み続けつつあることによって、大人になると考えるべきだと思うのである。

男性と女性

大人になることは、それぞれ男性としての大人、女性としての大人になるわけである。男に生まれるか、女に生まれるかは人間の宿命であり、人間は自分の性を受け容れて大人にならねばならない。しかしながら、男である、女であるということはどういうことかについて、現在では混乱と疑問が渦巻いていることを指摘しておかねばならない。この点に関しても、現在の青年たちは、大人になることの難しさを経験する。

つまり、自分が男として大人になる、女として大人になるとはどういうことかについて、明確なモデルを欠いているからである。

男性と女性の問題について正面から論じるなら、一冊の書物でも足りないくらいであろう。したがってここでは、現在のわが国の青年たちが直面しているであろう課題について、少しだけ触れることにとどめておきたい。

男女の相違は、生理的に明確であり、人間存在の基盤において両者に差があることは事実である。ところが、そのような生理的な差の上に立てられた、いわゆる男らしさ、女らしさという概念は多分に文化的、社会的な影響を受けている。したがって、前者の場合のセックスに対して、後者における要素をジェンダーと言って区別し、その点についてあらたに考察しようとする態度が、最近では随分と強くなってきた。不当に存在するジェンダーの差違にまどわされずに、自分の生を生きたいと考える人が出てきたのである。昔からあるステレオタイプな男らしさ、女らしさという概念にとらわれずに生きようとする人たちが、最近になって急に増えてきたということができる。

人間は心理的に見る場合、男性も相当に女性的な面をもっているし、女性も相当に男性的な面をもっているものと思われる。いってみれば潜在的には両者とも変らぬ可能性をもっているといってよい。しかし、古来から、男らしいといわれてきた性格や生き方を男の方が身につけ、女らしいといわれてきた性格や生き方を女が身につけてきたということは、この両者をあわせて生きることが極めて困難なことを示しているのであろう。創造的な生き方のひとつとして、両性具有的な生き方が思い浮かぶのであるが、これもなかなか困難なことであろう。ここでも、われわれはモデル無しの状況にぶつかっていると考えねばならない。

自分の心の奥底にある「内なる異性」の存在に気づくのは、現在では、男性よりも女性の方に多いであろう。一応、男性優位の社会ができているので、その社会の下積みになりたくないと思うとき、女性は自分の内部の男性的要素を開発せざるを得ない。現在、多くの女性が大学生となっているのを見ても、そのことは明らかである。その際、自分の本来の性まで、そのことによって乗っ取られてしまわないように注意しなくてはならない。乗っ取りの現象は、これに限らず他でも生じて、なかなか強い効果を発揮するが、一般にあまり長続きするものではない。乗っ取りが終ったときには、実に苦しい状態に陥ることになる。

男性優位の社会といっても、既に述べたように、日本においては自己主張的よりは他を配慮する生き方が尊ばれるところがある。子どもたちが暴力をふるいたくなるほどに、日本の男性たちは、なるべく自分の意見をおさえつつ他と協調してゆくような態度を身につけさせられている。女性の方はその育ってくる過程において、このような日本的態度を学ばされることが少ないので、若い女性は職場などにおいて他を考慮せず自己主張することがある。他の男性たちは、それはある意味においては正しいことだと知りつつも、日本的な全体的平衡の維持という観点からは支持できないので、それを無視してしまうことになる。このような点に気づかない女性は、自分が正しいことを主張しているのに、女だから軽視されているのだと思いこんで、ますます強力に自己主張を繰り返すので、そのために周囲の抵抗は一層強くなる。このような悪循環が繰り返されることが多い。

今までいろいろと述べてきたが、わが国の男性の場合は、まだ既成の枠組に沿って大人になることも相当可能であるが、女性の場合は、既に述べてきたようなことを考慮しなくてはならないので、大人になる課題は大きいといえそうである。単純に既成の枠に沿って大人になることは気持がおさまらないし、さりとて、新しいタイプを打ち出してゆこうにも、そこには単純なモデルは存在しないわけである。男には「他に対する配慮」という意味での広義の母性性を身につけさせ、女性にはともかく忍従するという狭義の母性性をおしつけて、そのような形で「大人になる」のが、日本の往時の方式であった。その点を大いに反省し、個人を育てる教育をしているつもりなのだが、男の方はあんがい旧来の方式を守っているのに対して、女性の忍従の方は——少なくとも知的なレベルでは——棄てられたものの、女性は自分の主張を他に及ぼしてゆくために身につけるべき訓練の方はあまり受けていないので、日本の母性的な男性集団のなかで、突出した形で男性的主張をなすことになり、全体から浮いてくるのである。男性たちがその女性に反対するのは、女性蔑視という心性からではなく、男性的主張を受けいれられないからなのである。このようなことを考えると、現代の日本社会で、女性が大人になることは、どういうことかと考えさせられるのである。

もっとも大人になることはさまざまな次元においていえるので、生理的な面に目を向けるとき、女性は既に述べたように、そのイニシエーションが個人的に、自然の力によって生じるわけだから、その点では、男性よりも大人になることが容易ともいえるのである。しかし、真に現代人として大人になることを考えるとき、女性はなかなか安易な道を歩むことができない。またそれだけに生き甲斐があるともいえるのだが。

2　創造する人

創造性ということが、最近では特に高く評価されるようである。せっかく、この世に生まれてきたのだから、何か新しいことを創り出したい。大人になるということも、何かそのような新しい何ものかを、人間の世界にもたらそうとすることだと言えるかも知れない。しかし、「創造する」といっても発明や発見をしたりとか、偉大な芸術作品をつくり出すことのみをいっているのではない。現代人にとってモデルは無いといったが、モデルの無いところで、自分なりの生き方を探ることは、すなわち、創造ではないだろうか。つまり、われわれの人生そのものが、ひとつの創造過程である、というわけである。

イマジネーション

創造するためにはイマジネーションが必要である。あれかこれかと心に想い描くことによって、われわれは新しくできあがってくるものの可能性を探ることができる。しかし、それは単なる願望充足の空想であっては駄目である。創造につながるイマジネーションと、すぐに消えさってしまう空想の差は、そこに費される心的エネルギー量の差によって示される。前者の場合は、相当な心的エネルギーを必要とするのである。もっとも、この両者は判然とは区別し難く、後者のはかない空想が前者の方へと創造的に高められてゆくときもある。

青年期は特にイマジネーションに満ちている時期である。しかも、モデルが無い時代なのだから、自分のイマジネーションをはたらかすのには、まったくおあつらえむきの時代といえる。しかし、実際には、青年のイマジネーションは、むしろ貧困であるというべきではなかろうか。イマジネーションの涸渇が多くの青年を「しらけ」に追いやっている。これはいったいどうしてだろうか。

青年のイマジネーションを涸渇させる、ひとつの原因として物質的な豊かさがあげられるのではなかろうか。親が子どもに与える玩具を見ると、それがよく解るだろう。現在の玩具は極めて精巧に、高価にできている。親は子どもに対する愛情の深さを、与える玩具の値段によって測られるような錯覚に陥っているので、どうしても高価なものを与えてしまう。精巧な玩具はなるほどよくできているが、子どものイマジネーションのはいる余地が少なくできている。ラジコンはラジコンにしか使用できない。しかし、物の無い時代においては、棒切れがいろいろなものに変ることができた。刀にもなれば魔法の杖にもなる。それは子どものイマジネーションと共に、姿を変えることができた。また、子どもたちは少ない玩具で楽しく遊ぶための創意工夫を必要としたのである。

親の与える高価な玩具の多さは、一種の公害のようなものである。子どものこころの内部に自然に存在しているイマジネーションの宝庫をそれは汚染してゆくのである。玩具だけではなく、外部から与えられる情報量の多さも、イマジネーションのはたらきを鈍くさせるのに役立っているように思う。それに、子どもたちは何と多くのおきまりの知識を覚えねばならないことか。子どもは外から与えられ、外からつめこまれるものが多すぎて、彼の内からの情報としてのイマジネーションをキャッチする力を失ってしまうのである。このことを、物質的に豊かな時代に生きる親たちは、よく心得ておかねばならない。

大人のなかの子ども

イマジネーションは創造の源泉であるが、それは子どもっぽいこととして価値をおかない人もある。しかしその「子どもっぽいこと」こそが創造の源泉となるのである。ここで、大人と子どもを対比してもう一度考え直してみると、子どもの不安定さに対して、大人の安定性をあまりにも強調するとき、その安定は停滞にもつながるといえるだろう。つまり、毎日毎日きまりきったことを繰り返すだけになってしまって、それを大人と考えるならば、それはまったくつまらないことになってしまう。大人をそのようにとらえる人は、「大人にはなりたくない」と考えることもあろう。確かに、大人と子どもをそのように単純に分類してしまえば、大人になりたくない子どもがあっても当然である。

しかしながら、今まで述べてきたように、創造過程を歩むものとしての大人を考えるときは、事態はそれほど単純ではない。このことは、真の大人というものは、そのなかに子どもっぽさを残している人だ、というふうにはいえないだろうか。ここにいう子どもとは、世の中のことをすべてきまりきったこととは考えずに、あらゆることに疑問をもち、イマジネーションをはたらかせる存在だということである。コップを見ても、それはコップだということですませてしまわないで、そのコップはひょっとして話をするのではないかとか、もしもコップが空を飛んだらとか、考えてみることのできる大人こそ、本当の大人ではなかろうか。大人になっても、自分のこころの中に住んでいる子どもを、殺さずに生かしておくのである。

このようにいっても、大人のこころのなかの子どもの生かし方は、なかなか難しいのではなかろうか。内界の子どもの力が強すぎて、何を見てもイマジネーションばかりはたらかせていたのでは、大人としての義務を遂行できないであろう。といって、子どもの力を弱めてしまうと、すべてのことがきまりきったことになって、創造性がなくなってしまう。

青年期は子どもと大人の境界にあって、早く大人になりたいという気持と、いつまでも子どもでいたいという気持のジレンマに苦しんでいる時期である。そのときに、大人になることは、子ども性をまったく放棄することではなく、むしろ、子どもをうまく大人のなかに残してゆくことが、真の大人になる道であることを教えてやると、随分と気が楽になるのではなかろうか。そして、このことはいつまでも子どものままでいることと、同じではないのは当然のことである。

創造的退行という言葉がある。退行というのは、人間のこころの状態が子どもの頃に帰るような状態になり、まったくの無為になったり、馬鹿げた空想をしたりするようなことをいう。退行がひどいときは、幼児的な心性までが出てきて、病的な様相を示すことになる。したがって、退行ということは、最初は病的な状態とばかり考えられ、いろいろな精神障害の説明のために用いられたりしていた。ところが、極めて創造的な人々の様子をよく観察すると、創造活動が活潑になるときに、退行現象が生じることが解ってきたのである。もちろん、それまでには意識的な探索活動が大いに行われるのであるが、それに疲れた頃にこのような退行が生じ、そのときに普通では思いつけなかったようなあらたな発見の萌芽が生じるのである。それを確実に有用な創造にするためには、再び意識的な活動が必要となってくるのだが、何しろ、もっとも根本的な着想は退行時に生じているのだから、そのような現象を称して創造的退行というようになったのである。

創造的退行の現象は、今までのいい方によると、大人が自分の内なる子どもと接触をはかり、子どもとの対話のなかにヒントをつかみ、それを再び大人の知恵によって現実化してゆくことといえそうである。このように、大人のなかの子どもは実に貴重な存在であるにもかかわらず、現在の教育においては、子どもたちを早く大人にしようと焦りすぎていないかを反省すべきである。子どもからイマジネーションや遊びを取りあげ、大人の知識をできるだけ早く、たくさん、子どもに押しつけようとしてはいないだろうか。そのことによって、かえってわれわれは、本当の大人をつくるのに失敗しているのである。

3　個性の発見

創造的な人生を生きることは、いいかえると、自分の個性を見出してゆくことであろう。個性を見出すことは、いうはやすく行うは難いことである。特に、わが国のように常に周囲に対して配慮を払わねばならぬところでは、自分の個性を見失いがちになる。大人になることを、既成のシステムのなかへの適合と考え過ぎると、失敗してしまうわけである。

好きなこと

ある高校生がスポーツ用具の窃盗でつかまって、そのために両親に連れられてカウンセラーのところへ来た。窃盗は初めてのことであるし、反省の色も濃いので大した事件にもならず、すぐに許してもらったのであるが、両親としては心配だったのでカウンセラーのところに来談したのであった。特に、そのスポーツ用品が比較的大きいもので、窃盗と言ってもすぐ店の人に見つかるものであり、みすみす捕えられるためにやったのかと思われるようなところがあり、気が変になったのではないかと両親は心配されたのである。

話し合いをしてすぐ解ったことは、両親ともに音楽家であり、親戚にも音楽関係の職業についている人が多いということであった。本人もある楽器を演奏し、相当に上手であった。しかし、彼の他のきょうだいに比べると、彼は見劣りがして、プロとして立つのにはやや不足という感じであった。彼の盗んだものがスポーツ用品であったので、それにヒントを得て聞いてみると、彼はそのスポーツが好きなのだが、音楽に比べるとスポーツなどは非文化的であり、それをやりたいとは両親になかなかいえなかったというのである。

ひとつの家族はそれなりに「家族文化」とでもいうべきものをもっており、それに従って、その家族なりの価値観をもっている。この家でいえば、音楽ということが絶対的な価値をもち、スポーツなどは価値の無いものと、なんとなく決められてしまっていたのである。これとは逆に、スポーツが高い評価を受けている「家族文化」の家もあるだろう。ところで、この高校生はこのような家に生まれたのだが、それほどの高い音楽的素質をもっていなかった。しかし、家の文化に何となく従って音楽をやり、それ相応のところまではやっていたのである。ただ、彼のこころの奥底では、それに対して「否」というものがあり、家では低い評価を得ているスポーツ用品を盗みとることによって、家の文化の在り方に対して批判ののろしをあげたわけである。

彼はその後は両親と話し合って音楽をやめた。趣味として好きなスポーツをしたが、別にそれのプロになったわけではない。しかし、自分の進むべき学部を見つけ、その道へと進んでいったのである。ともかく、好きなスポーツをすることによって、無理に音楽をすることによっておさえられていた彼のこころのはたらきが活性化され、より自分に適切な方向を見出せたものと考えられる。

外からの情報や押しつけによって、人間のもつ内からの情報がおさえられていると述べたが、何かを「好き」と感じるとは、内からの情報の最たるものである。ともかく、好きなことはできるかぎりやるべきである。それがすぐに自分の道につながることはないにしても、先の例が示すように、そこから個性への道が拓かれてくることが多い。

筆者はカウンセラーとして青年期の人に会ったとき、何か好きなことはありませんか、とたずねることが多い。それはどのようなことであれ、その人の好きなことのなかには、内界からの情報が含まれているからである。誰でも好きなことの話には熱中する。その話をこちらも一所懸命に聞いていると、そのことを通じて人間関係も深まるし、どのような可能性が存在しているかが解ってくるのである。将棋が好きだなどという人があると、実際に将棋を指すこともある。気の弱い人が将棋においては、だんだんと攻撃性を発揮してきて、こちらも負けずにやり返しているうちに、その人が他の場面においても強さを発揮するようになって、問題が解決されたりする。カウンセリングといっても、いつも話し合いばかりしている必要はないのである。

ところが、好きなことは何かと聞くと、「単車で無茶苦茶に走りまわること」とか、

「パチンコ」とか、なかには「けんか」などと答える青年がある。そんなときでも、なぜそれが好きか、どこが好きなのかを真剣に聞く。なかには冷やかし半分にこのような答をする人もあるが、こちらがあまりに真剣に聞くので、すぐ降参してしまうようである。ところで、単車の暴走が好きだなどという青年には、こちらも困るのだが、あまりにも無茶をしてもらったら困るという気持と、その青年にとってはそれしか楽しみがないのが解る気持と、その両者の間に自分の身をおいて、こちらが分解してしまうか、そのような過程から相手が何か建設的な方向を生み出すかに賭けてゆくのが、われわれカウンセラーの役割なのである。

対極のなかで

暴走族は駄目だということ。暴走族にならざるを得ない若者の気持が解ること。そのどちらか一方に加担することは容易である。確かに暴走族はけしからぬことは事実であるし、また一方からいえば、単車で走りまわるより仕方のない若者たちの状況もよく解るというものである。そのとき、そのなかに身をおいていることは大変である。青年は私に若者の気持が解るなどというのなら、われわれと一緒に走ってみませんかと圧力をかけてくる。青年の母親は、「先生は息子の非行に加担するのですか」と責めたてくるだろう。その両者に誠実に会い、両者に責めたてられつつ、なお頑張り抜いていると、解決は思いがけない方法で訪れてくる。そして、そこにこそ、その青年の個性とか、カウンセラーの個性とか、あるいは、その母親の個性とかがうまく顕現してくるのである。個性などというものは、考えこんでいて見つけ出せるものではない。自分の人格の分解しそうなぎりぎりのところに身をおいてこそ、自ら浮かびあがってくるものなのである。

暴走族など「悪」であることが明らかであるのに、なぜそんなことをするのか。それは現在の青年たちが数限りのない対極性のなかで、それをいかに生きるかに苦闘しており、それによってこそ個性的な大人になりうること、そして、暴走の一件はそれらの多くの対極性の代表として目の前に出てきているものであることを知っているからである。今まで述べてきたことを、この際思い出していただくなら、自立と依存、日本と西洋、男性と女性、孤独と連帯、などなど多くの対極性に目を向けてきたことに気づかれるであろう。そのときに、どちらか一方を善とすることは可能であり、そのときは単純明快な人生観や理論ができあがるであろう。そして、その理論に頼って「大人になる」ことは可能であり、そのような大人もたくさんいることは事実である。

現在の青年たちが大人になることに難しさを感じるのは、そのような単層的な人生観や、イデオロギーに絶対的に頼るようなことができなくなっているからである。古来から絶対視されてきたものが、絶対ではないことを、彼らはあまりにも多く知りすぎたのである。このような限りない相対化のなかで、青年が「しらけ」を感じずに生きてゆくためには、対極性のなかに身を投げ出して、そこに生きることを学ばねばならないし、われわれ大人がまずそれをやり抜いて行かねばならないのである。

人生のなかに存在する多くの対極に対して、安易に善悪の判断を下すことなく、そのなかに敢えて身を置き、その結果に責任を負うことを決意するとき、その人は大人になっているといっていいだろう。それらの対極はハンマーと鉄床のようにわれわれを鍛え、その苦しみのなかから個性というものをたたき出してくれるのである。

あとがき

「大人になることのむずかしさ」について、平易に解り易く、自分の考えを自由に書いてほしいという注文を編集者から受けた。私は心理療法家として多くの人に接しているうちに、特に若い人たちと接するとき、この人たちの苦しみをもう少し周囲の人が理解してくれたら……と感じることが多くあった。理解すると言っても、本文中にも書いているように、それが甘くなったら、かえってマイナスのことになるのだが。ともかく、日頃発言したいと思っていたことと出版社の要請が重なったので、喜んでお引き受けし、勇んで書きはじめた。しかし、書きはじめると、「大人とは何か」という問いに答えるのは、あんがい難しいし、その上、「いったい自分は大人なのだろうか」という反省まで加わってきて、なかなか書きづらかった。しかし、おかげでよい反省の機会を与えられたと思っている。

現代のように社会の変動が激しいときは、大人ということを静的にとらえ、大人になるための方法をハウ・ツー式に描き出すことなどできなくなっている。したがって、大人になるという、いってみれば単純なことを考えるために、大分本質的なところに立ちかえって考え直す必要が生じてきた。そのため、本書には何だかそこまで考えなくてもというところまで書いてあるように感じられることもあろうが、私としては、どうしてもそこまで考えないと問題が片づかないと思ったのである。この書物は平易に解り易い文で書いたけれども、こんなわけで、少し内容的には難しくなったかも知れない。しかし、それは現在において「大人になることのむずかしさ」の程度が、なかなか大変であることを反映しているともいえるのである。

読者の皆さんが、この本を契機として、自ら考え、自らの力で大人になる道を考え出して下さると有難いことと思う。親と子、教師と生徒が共に読んで、お互いに話し合いをすると面白いかも知れない。私は、もっぱら親や教師たちの方に向って発言しているのであるが、若い人が読まれても意義はあるだろうと思う。

本書の成立にあたって、このような興味ある課題を与え、いろいろと援助、激励して下さった岩波書店編集部の山田馨、柿沼マサ子の両氏に、ここに感謝の言葉をおおくりしたい。

一九八三年七月

河合隼雄

［補論］　母性社会日本の〝永遠の少年〟たち

母性原理と父性原理

人間の心には多くの相対立する原理が働いているが、そのなかでも父性と母性の原理の対立は、人間にとってまことに重要なものである。この対立する原理のバランスの取り方によって、その社会や文化の特性がつくり出されてゆくと考えられる。筆者は一人の臨床家として、あくまで個人を対象とし個人の心理療法にあたっているものではあるが、その個人の心の中に彼をとりまく社会や文化の在り方が反映されていると感じることが多い。そして、以後に例をあげて論じるように、最近わが国において急増してきた登校拒否症や、あるいは、わが国に特徴的と言われている対人恐怖症(1)の人たちに接している間に、その背景にわが国の母性文化の特質というものが存在していることを痛感するようになった。これらの事例においては、自我の確立の問題が大きい比重を占めているが、そのこと自体が日本の母性文化に根ざしたものであると考えられるのである。

ところが、たまたま、松本滋氏の「父性的宗教と母性的宗教」(2)の論に触れて、氏がその専攻する宗教学の立場から、筆者と同様の結論に達していることを知り興味深く感じたのである。臨床家としての筆者の考えが、宗教学専攻の方の論と重なり合うことを知り、嬉しく思ったのだが、筆者の論点は松本氏のそれと微妙に喰い違う点もあり、それについては以下の論議のなかで明らかにしてゆきたい。

母性の原理は「包含する」機能によって示される。それはすべてのものを良きにつけ悪しきにつけ包みこんでしまい、そこではすべてのものが絶対的な平等性をもつ。「わが子であるかぎり」すべて平等に可愛いのであり、それは子どもの個性や能力とは関係のないことである。

しかしながら、母親は子どもが勝手に母の膝下を離れることを許さない。それは子どもを危険から守るためでもあるし、母―子一体という根本原理の破壊を許さぬためといってもよい。このようなとき、時に動物の母親が実際にすることがあるが、母は子どもを呑みこんでしまうのである。かくて、母性原理はその肯定的な面においては、生み育てるものであり、否定的には、呑みこみ、しがみつきして、死に到らしめる面

をもっている。(3)

これを余りにも単純で抽象的な説明とするならば、ユングが母性の本質として述べている三つの側面をつけ加えて考えてみると、もう少し具体的となるだろう。(4) 彼は、母性の本質として、慈しみ育てること、狂宴的な情動性、暗黒の深さ、をあげている。ここに、暗黒の深さは何ものも区別しない平等性と、すべてのものを呑みこむ恐ろしさを示している。狂宴的な情動性は、かつてギリシャにおけるディオニソスの教団が行なったような、すべてのものが等しく自然のままの衝動の動きを体現することを示している。

これに対して、父性原理は「切断する」機能にその特性を示す。それはすべてのものを切断し分割する。主体と客体、善と悪、上と下などに分類し、母性がすべての子どもを平等に扱うのに対して、子どもをその能力や個性に応じて類別する。極端な表現をすれば、母性が「わが子はすべてよい子」という標語によって、すべての子を育てようとするのに対して、父性は「よい子だけがわが子」という規範によって、子どもを鍛えようとするのである。父性原理は、このようにして強いものをつくりあげてゆく建設的な面と、また逆に切断の力が強すぎて破壊に到る面と、両面をそなえている。

このようないわば相対立する二つの原理は、世界における現実の宗教、道徳、法律などの根本において、ある程度の融合を示しながらも、どちらか一方が優勢であり片方が抑圧される状態で存在しているのである。筆者は松本滋氏と同じく、日本の傾向は母性的な面を優勢とすると考えているが、それを端的に示している例を次に示そう。

これはある三十歳代の男性の夢である。(5) 夢は人間の心の深層に存在する傾向を、時に生き生きと示してくれるものである。

一人の女性がいた。彼女の二人の姉は、ある強い男に強奪されたか、殺されたかということである。そして、その男が彼女をも犯そうとやってきた(何か昔話のようで、人身御供のようであった)。わたしと誰か(兄らしい)は二人で彼女を守ろうとしていた。しかし、男が来たとき、われわれはそいつが強すぎて戦っても無駄だと知った。そこでわたしは(男性だが)、彼女の身代りになろうと思った。わたしは身体を横たえながら、女であることのかなしさを感じた。

この夢の解釈の詳細は略すとして、ここで最も印象的なことは、この夢を見た男性が戦うのではなく、それに屈服することによって一人の人を救おうとしている点である。しかも、彼は女性になってまでそれを行おうとしている。

ここで、筆者の念頭にすぐ浮んだのは、西郷信綱氏の指摘している親鸞の六角堂参籠の際の夢である。(6) 親鸞の夢に顕われた救世観音は「汝宿報によってたとえ女犯するとも、われ女身となって犯され、一生の間よく仕え、臨終には導いて極楽に生まれさせよう」とお告げを与えたという。

たとえ女犯するということがあっても、菩薩が女となって犯され、なおかつ最後には極楽に導くというのだから、まさに徹底的な受容による救済である。女犯という行為の善悪などは問題にされず、ただあるがままに救われるのである。これに対して、キリスト教は父性原理に基づく宗教として、神との契約を守る選民をこそ救済することを明白に打ち出している。

マタイ伝一二章には、キリストがはっきりと肉親としての母を否定するところが述べられている。イエスが群衆に話しているとき、その母と兄弟とがイエスに話そうと思って外に立っていた。このことを告げられたとき、イエスは「わたしの母とは、だれのことか。わたしの兄弟とは、だれのことか」と言っている。そして弟子たちに対して、「天にいますわたしの父のみこころを行う者はだれでも、わたしの兄弟、また姉妹、また母なのである」と述べる。あるいは、ルカ伝一一章では、ある女がイエスに対して、「あなたを宿した胎、あなたが吸われた乳房は、なんとめぐまれていることでしょう」と声を張りあげるのに対し、イエスは「いや、めぐまれているのは、むしろ、神の言を聞いてそれを守る人たちである」と言ったと記されている。このような、強烈な母の否定の上に、西洋の文化は成り立っている。このキリスト像は、先ほどの菩薩像とは著しい対照を見せるものである。

人間の心のなかに父性と母性という対立原理が存在し、わが国はむしろ母性優位の心性をもつと述べてきたが、このことが、わが国の現在の社会状勢のなかで、どのような意味をもつかを、簡単に述べてみよう。

倫理観の混乱

現在日本の社会状勢の多くの混乱は、筆者の見解によれば、父性的な倫理観と母性的な倫理観の相克のなかで、一般の人々がそのいずれに準拠してよいか判断が下せぬこと、また、混乱の原因を他に求めるために問題の本質が見失われることによるところが大きいと考えられる。このため、現在の日本は「長」と名のつくものの受難の時代であるとさえ言うことができる。つまり、長たるものが自信をもって準拠すべき枠組をもたぬために、「下からのツキアゲ」に対して対処する方法が解らず、困惑してしまうのである。

母性原理に基づく倫理観は、母の膝という場の中に存在する子どもたちの絶対的平等に価値をおくものである。それは換言すれば、与えられた「場」の平衡状態の維持に最も高い倫理性を与える。これを「場の倫理」とでも名づけるならば、父性原理に基づくものは「個の倫理」と呼ぶべきであろう。それは、個人の欲求の充足、個人の成長に高い価値を与えるものである。

たとえば交通事故の場合を例として考えてみたい。ここで、加害者が自分の非を認め、見舞にゆくと、二人の間に「場」が形成され、被害者としてはその場の平衡状態をあまりにも危うくするような補償金など要求できなくなる。ここで金を要求すると、加害者の方が「あれほど非を認めてあやまっているのに、金まで要求しやがる」と怒るときさえある。この感情はわれわれ日本人としては納得できるが、西洋人には絶対了解できない。非を認めたかぎり、それに相応する罰金を払う責任を加害者は負わねばならないし、被害者は正当な権利を主張できる。ところが、場の倫理では、責任が全体にかかってくるので、被害者もその責任の一端を荷なうことが必要となるのである。日本人の無責任性がよく問題とされるが、それは個人の責任と場の責任が混同されたり、すりかえられたりするところから生じるものと思われる。

ところで、事故の場合、加害者が言い逃れをしたりすると、これは被害者と同一の「場」にいないものと判断し、徹底的に責任の追及ができることになっている。つまり、わが国においては、場に属するか否かがすべてについて決定的な要因となるのである。場の中に「いれてもらっている」かぎり、善悪の判断を越えてまで救済の手が差しのべられるが、場の外にいるものは「赤の他人」であり、それに対しては何をしても構わないのである。

ここで善悪の判断を越えてという表現を用いてしまったが、実のところ、場の倫理の根本は、場に属するか否かが倫理的判断の基礎になっているのだから、その上、ここで善悪の判断などといっても、それは判断基準が異なるのだから論外である。

場のなかにおいては、すべての区別があいまいにされ、すべて一様の灰色になるのであるが、場の内と外とは白と黒のはっきりとした対立を示す。日本人の心性を論じる際に、そのあいまいさに特徴を見出す人と、逆に極端から極端に走る傾向を指摘する人があって、矛盾した感じを与えるが、これは上述のような観点によるとよく理解されるのではないだろうか。

場の内外の対比は余りにも判然としており、そこに敵対感情が働くと絶対的な対立となり、少しの妥協も悪と見なされる。ところが、場の内においては、妥協以前の一体感が成立しており、言語化し難い感情的結合によって、すべてのことがあいまいに一様になっている。

交通事故の例をあげたが、現在のわが国では、さまざまな局面でふたつの倫理観がいりまじり、いろいろな混乱をまき起こしていると言えないだろうか。このような混乱を助長するもうひとつの要因として、次のようなことが考えられる。場の平衡状態を保つ方策として、場の中の成員に完全な順序づけを行うことが考えられる。つまり、場全体としての意志決定が行われるとき、個々の成員がその欲求を述べたてると場の平衡が保てぬので、順序の上のものから発言することによって、それを避けようとするのである。

ここで大切なことは、この順序の確立は、あくまで場の平衡状態の維持の原則から生じたもので、個人の権力や能力によって生じたものではないということである。このような特殊な状態を社会構造としてみると、「タテ社会」の人間関係となることは、中根千枝氏が既に見事に解明している(7)。これについては何らつけ加えることはないが、時に学生たちと話し合っていると、「タテ社会」という用語を彼らがしばしば誤って使用していることに気づく。つまり、彼らは「タテ社会」という用語を、権力による上からの支配構造のような意味で用いるのである。これはまったく誤解である。

タテ社会においては、下位のものは上位のものの意見に従わねばならない。しかも、それは下位の成員の個人的欲求や、合理的判断をおさえる形でなされるので、下位のものはそれを権力者による抑圧と取りがちである。ところが、上位のものは場全体の平衡状態の維持という責任上、そのような決定を下していることが多く、彼自身でさえ自分の欲求を抑えねばならぬことが多いのである。

このためまことに奇妙なことであるが、日本では全員が被害者意識に苦しむことになる。下位のものは上位のものの権力による被害を嘆き、上位のものは、下位の若者たちの自己中心性を嘆き、共に被害者意識を強くするが、実のところは、日本ではすべてのものが場の力の被害者なのである。この非個性的な場が加害者であることに気がつかず、お互いが誰かを加害者に見たてようと押しつけ合いを演じているのが現状であるといえよう。

場の構造を権力構造としてとらえた人は、それに反逆するために、その集団を脱け出して新しい集団をつくる。彼らの主観に従えば、それは反権力、あるいは自由を求める集団である。ところが既述のような認識に立っていないため、彼らの集団もまた日本的な場をつくることになる。そして、既存の集団に対抗する必要上、その集団の凝集性を高めねばならなくなるので、その「場」の圧力は既存の集団より強力にならざるを得ない。このため「革新」を目指す集団の集団構造が極めて保守的な日本的構造をもたざるを得なくなったり、大企業のタテ社会を批判して飛び出した人が、ワンマン経営の小会社という強力なタテ社会を作りあげたりする矛盾が生じてくるのである。

　あるいは若者の要求にしても、絶対的平等観という母性原理をもとにして、個の権利を主張するという父性原理を混入してくるので、なかなか始末に負えなくなる。場の倫理によるときは、場にいれてもらうために、おまかせする態度を必要とするし、個の倫理に従うときは個人の責任とか契約を守るとかの態度を身につけていなければならない。ところが、ふたつの倫理観の間を縫うようなあり方には、まったく対処の方法が考えられないのである。

　場と個の倫理の問題は論じてゆけば際限のないもので、既に日本人論として多くの人が述べてきた点とも重複するので、この辺にとどめておくが、ひとつだけ現代の日本の混乱を如実に示しているエピソードをあげておきたい。

　それは青少年の指導を行なっている人にお聞きしたことであるが、シンナーの吸引をしていた少年たちに、その体験を聞いてみると、彼らは一様に観音さまの幻覚を見、その幻覚のなかでの、何とも言えぬ仲間としての一体感に陶酔していたという。つまり、社会から禁じられているシンナー遊びをする点においては、反社会的、あるいは反体制的とも言えようが、求めている体験の本質は母性への回帰であり、わが国の文化・社会を古くから支えている原理そのものなのである。

これに類することは処々に見られ、これらの反体制の試みが簡単に挫折する一因ともなっている。このようなことが生じるのは、結局は日本人がなかなか母性原理から脱け出せず、父性原理に基づく自我を確立し得ていないためと考えられる。そこで、そのような意味における自我の確立について考えてみよう。

自我確立の神話

父性原理に基づく自我確立の過程は、いろいろな方法によって把握し、記述することが可能であろう。ここでは筆者の今までの論点と関連深いものとして、ユングの高弟の一人、エーリッヒ・ノイマンの説を述べておきたい。ここにユングの普遍的無意識の学説を詳述することはできないが、ユングは人間の無意識の深層に人類に共通な普遍的無意識の存在を仮定し、そこに存在する元型が人間の意識によって表象として把握されたものが、神話や伝説などとして記述されると考えた。

ところで、人間の発達過程においても、その発達の段階の元型となるべきものが、神話のモチーフに表現されていると考えられるので、人類の意識の発展史とも言うべきものが、神話を体系的に論ずることによって把握されるとして、ノイマンはその『意識の起源史』を発表したのである。(8) これは神話研究に対するまったく新しい見解を示すものとして評価されたものであるが、それを簡単に述べてみる。

多くの天地創造神話の始めに、カオスの状態が記述されるように、意識と無意識は最初は分離されず混沌とした状態にある。この状態を象徴的に表わしているのが、古代に存在しているウロボロスの象徴であるとノイマンは述べている。ウロボロスは、自らの尾を呑みこんで円状をなしている蛇で表わされ、その存在はバビロン、メソポタミア、グノーシス主義などのほか、アフリカ、インド、メキシコにも認められ、ほぼ世界的に遍在している。最近では、大室幹雄氏が中国古代のウロボロスについて、老荘のシンボリズムの世界と結びつけて興味ある論を展開している。(9) この象徴は、頭と尾、はらむものとはらますものなどが未分化な円環をなし、根源的な無意識を表わすのにふさわしいものである。

このウロボロス的な未分化な全体性のなかに、自我がその萌芽を現わすとき、世界は太母《グレートマザー》の姿をとって顕現する。太母の像は全世界の神話のなかで重要な地位を占めている。その像は、この論の始めに母性原理として述べたことを体現しているものである。萌芽としての弱い自我にとって、世界は自我を養い育てる母として映るか、あるいは出現し始めた自我を呑みこみ、もとの混沌へと逆行せしめる恐ろしい母として映るか、両面性をもったものとして認められるであろう。

わが国における太母の例をあげるならば、何でも受け容れ、育ててくれる像としては、既に夢の例に示したような観音菩薩がその一例であるし、何ものも呑みこむ恐ろしい太母像としては、牛も荷車までも呑みこんでしまうような山姥などをあげることができる。あるいは、鬼子母などは太母の二面性を如実に示しているものと言うことができる。

このような太母のなかで育っていった自我は、次の段階においては、父と母、天と地の分離、光と闇、昼と夜などの分離を体験する。神話における、天と地の分離、闇に光がもたらされる物語などがこれにあたるが、ここで、意識が無意識から分離される。つまり、はじめに「切断する」機能をもつものとして述べた父性原理が働き、ここに、意識は無意識から区別されると同時に、ものごとを昼と夜とか、男と女とか区別することを学ぶのである。

人の心の発達段階は、ここで画期的な変化の段階をむかえる。それはいわゆる英雄神話によって示される。ここに誕生する英雄は、無意識から分離された意識が、その自立性を獲得し、人格化されることの顕現であると考えられる。英雄神話も全世界にわたって存在するが、その根本的な骨組に注目すると、英雄の誕生、怪物退治、宝物(女性)の獲得という主題によって構成されている。

ここで、この怪物退治をフロイトがエディプス・コンプレックスへと還元して解釈したことは周知のことである。これに対して、ユングはこのような神話を個人的な父と子という肉親関係に還元することに反対し、このような怪物を元型的な、母なるものや父なるものの象徴として理解しようとした。つまり、怪物退治は、母親殺し、父親殺しの両面をもち、その母親殺しは、肉親としての母ではなく、自我を呑みこむものとしての太母との戦いであり、自我が無意識の力に対抗して自立性を獲得するための戦いであると解釈した。

さらに、父親殺しとは、文化的社会的な規範との戦いであり、自我が真に自立するためには、無意識からだけではなく、その文化的な一般概念や規範からも自由になるべきであり、そのような危険な戦いを経験してこそ、自我はその自立性を獲得しうると考えたのである。

この後で、英雄はペルセウスの物語に典型的に示されるように、怪物に捕えられていた女性と結婚するという結末となる。これは簡単に言えば、母親殺し、父親殺しの過程を経て、自らを世界から切り離すことによって自立性を獲得した自我が、ここに一人の女性を仲介として、世界と新しい関係を結ぶことを意味している。それはウロボロス的な未分化な合一による関係ではなく、確立した自我が他者と新しい関係を結ぶことである。

自我確立の神話をこのように真に簡単にスケッチしてみせたが、ここで母親殺しを遂行できない人間はどうなるのかという疑問が生じてくる。その点について、ユング派のひとたちは「永遠の少年《プエル・エテルヌス》」という元型を取りあげる。

永遠の少年

「永遠の少年」とは、ギリシャにおけるエレウシースの秘儀の少年の神、イアカスを指して、オウィディウスが呼んだ言葉であるという(10)。

エレウシースの秘儀はデメーテルという太母神とその娘コーレの神話を踏まえて行われる、死と再生の密儀である。これは穀物が母なる大地を母胎として冬には枯れ、春には芽生えてくる現象になぞらえたものとも考えられるが、この死と再生を繰り返す穀物の姿の顕現として「永遠の少年」イアカスが登場するのである。永遠の少年は成人することなく死に、太母の子宮のなかで再生し、少年として再びこの世に現われる。永遠の少年は決して成人しない。英雄であり、神の子であり、太母の申し子であり、トリックスターであり、しかもそのいずれにも成り切らない不思議な存在である。

永遠の少年は英雄として急激な上昇をこころみるが、あるとき突然の落下が始まり、母なる大地に吸いこまれる。死んだはずの彼は、新しい形をとって再生し急上昇をこころみる。ヒルマンが指摘するように(11)、彼らの主題は「上昇」であるが、水平方向にひろがる時空との現実的つながりの弱さにその特徴をもっている。このような永遠の少年の元型は、すべての人の心の無意識内の深層に存在している。このような元型と同一化するとき、その人は文字通り「永遠の少年」となる。

現代社会に生きている「永遠の少年」たちは、われわれ心理療法家をおとずれて来ることがあるが、ユングの弟子のひとり、フォン・フランツはそのようなイメージを見事にスケッチしている(12)。彼らは社会への適応に何らかの困難を示しているが、彼らは自分の特別な才能を曲げるのが惜しいので、社会に適応する必要はないのだと自らに言いきかせたり、自分にぴったりとした場所を与えない社会が悪いのだと思ったりしている。ともかく、いろいろ考えてみるが未だその時が来ない、未だ本ものが見つからない、と常に「未だ」の状態におかれたままでいる。

ところが、ある日突然、この少年が急激な上昇をこころみるときがある。偉大な芸術を発表しようとしたり、全世界を救済するために立ち上る。そのときのひらめきの鋭さと、勢いの強さは時に多くの人を感歎せしめるが、残念ながら持続性をもたぬところがその特徴である。彼らはこのようなとき危険をおそれないので、しばしば勇敢な人と思われるが、真実のところその背後に働いているのは太母の子宮への回帰の願いであり、その願いのままに死を迎えることもある。

もう少し気の利いた少年は死を免れはするが、ともかく突然の落下の後には暫く無為の生活が続き、また、ふとあるとき、まったく新しい形態をとって上昇にむかう。彼らは今日はマルクス、明日はフロイトと華々しく活動するが、その間に連続性のないことを特徴としている(図3参照)。

ところで、今ここに個人のこととして描いてみせた行動パターンは、実は日本の社会全体の動きに似ていないだろうか。わが国の文化の背景に「永遠の少年」の元型が強力に働いていることは、浦島伝説について論じるなかで少し触れたが、(13)この点をもう少し追究してみたい。

日本人が他国の文化を取り入れる器用さは、定評のあるところである。外国で生まれた思想や芸術などがすぐに輸入されて「流行」する。しかし、それも束の間、一時上昇した流行思想は、突然に落下し姿を消してしまう。するとまた新しい流行が生まれでてくる。このようにして、欧米の思想や芸術などが、林立するかの如く見えながら、そのどれもが日本の太母の子宮をくぐりぬけるときに、日本化されてしまう。イザヤ・ベンダサン[14]が日本には日本教という宗教しかないと述べていることにもつながることであろう。

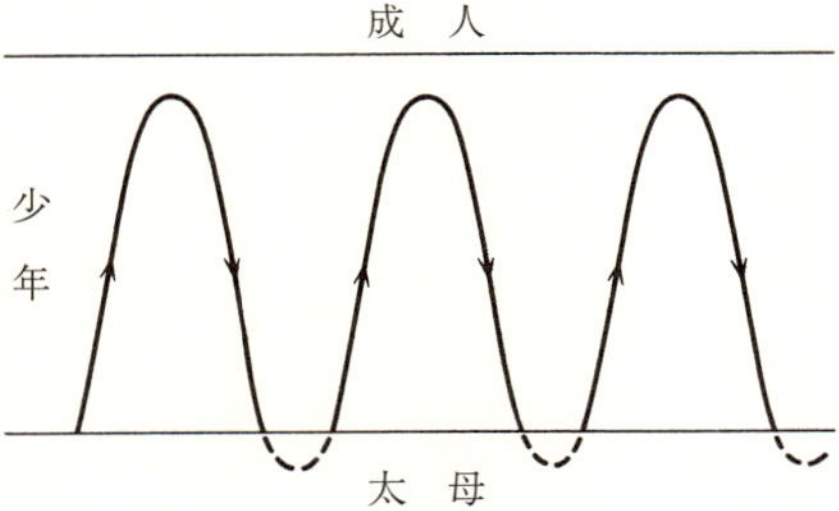

図3　永遠の少年のパターン

日本ではこのように常に変化し、目新しく動きまわる傾向と、まったく不変の基盤とが共存しているのである。つまり、わが国の文化現象のどこに注目するかによって、非常に変化が激しいとも言えるし、まったく変わらないとも言うことができる。

太母的な絶対平等観を基礎として、それに永遠の少年の上昇傾向が加わるとき、日本人のすべてが能力差の存在を無視し、無限の可能性を信じて上にあがろうとする。ここに日本のタテ社会の構造ができあがってくるのである。

ところで、これを母性と父性の原理という観点からみると、母性原理に基づく社会はインドのカースト制のように、階級が始めから「与えられたもの」として存在する社会であろう。この場合、中根氏も指摘しているように、(15)たとえ下層のカーストにある人でも、「与えられた」ところに一生とどまるものとして、競争に敗れたというみじめさを味わうことなく、安定した生き方ができる。

これに対して、父性原理に基づく社会は、西洋の近代社会のように、上昇を許すけれど、そこには「資格」に対する強い制度があり、能力差、個人差の存在を前提としている。このため、欧米の社会においては、各人は自分の能力の程度を知り、自らの責任においてその地位を獲得してゆかねばならない。この厳しさは日本人にはおそらく、なかなか理解できないものであろう。

この点、日本の社会はそのいずれにも属していない。今まで、日本は母性原理の強い国であると述べてきたが、ここで厳密に言えば、母性原理を基礎にもった「永遠の少年」型の社会とでもいうべきであろうか。このことについては、最後にもう一度検討してみることにして、日本人がいつまでも少年であって、成人になれないことを、イニシエーションという点から考えてみたい。

イニシエーション

未開社会に存在するイニシエーション(通過儀礼)は、当初、その残酷さや珍奇さによって文明人の関心をひいたのだが、いまは、それが深い宗教的な意味をもった儀式であることが確認されている。少年たちはイニシエーションの苦行に耐え、その社会の伝承についての口頭教育を受けることによって、その宗教的・社会的地位を決定的に変更され、成人の世界にはいる。伝承社会の人間にとっては、すべては神の時代に起こり、その聖なる世界への加入を許されることによって、はっきりと成人になるのである。

ところで近代人は、エリアーデが指摘しているように、(16)「伝承社会と対比して近代人の持つ斬新さとは、まさしく、みずからを純粋歴史的存在として認めようとする決意と、根本的に非聖化された宇宙に生きようとする意志にかかっている」ので、「近代世界の特色の一つは、深い意義を持つイニシエーション儀礼が消滅し去ったことだ」ということになる。このようにして、われわれ近代人は、常に進歩し成長する人間社会という世界観をもつことになったが、これによって失ったものも大きかった。つまり、未開社会のように、ある個人が根源的体験をもって大人に「成った」ことを自覚することが非常に困難になったのである。あるいは、社会的にみれば、永遠の少年の増加による問題をかかえることになった。

しかしながら、この消え失せたはずのイニシエーションが、近代人の無意識のなかに生命をもち続け、ある個人にとって、ある成長段階において、その人にとってのイニシエーションを演出することが、ユング派の分析家の人たちによって明らかにされてきた。たとえば、ヘンダーソンが多くの事例によって示しているように[17]、多くの人はその夢の中で「母親殺し」や「父親殺し」「死と再生」などの体験をし、その体験を通じてイニシエートされてゆくのである。

この点を、日本人の自我の確立にあてはめて考えるならば、日本の若者たちはその自我の確立のためのイニシエーションをどのように体験しているであろうか。彼らは父を求めて右往左往するが、出会うのは母ばかり。しかも彼ら自身、母親から分離し切れていない状態となっては、業を煮やしての短絡行動も生じてくるわけである。イニシエーションの儀礼として、内的に行われるべき死と再生の密儀は、にわかに外界に向かって行動化され、それは自殺や他殺という事件へと成り下がってしまう。若者たちは改革を求めて血を流しているが、それは新しい自我を確立するべき再生へとはつながらず、太母のいけにえとして、僅かに母なる大地をぬらすだけで、そこには何らの本質的な変化をもたらさない。

現代社会におけるイニシエーションの欠落は、社会的、教育的に大きい問題であると考えられる。若者たちの行動をみていると、自ら個人として個人のためのイニシエーションを演出するほどの力はなく、さりとて社会的制度としてのイニシエーションも無い現状において、無意識のうちにそれを求めて右往左往しているように思われる。そして、このような自覚のないままに、根源的な体験を求めて行動しても、結局それは儀式として昇華されない「事件」へと落ちこんでしまうのである。新聞をにぎわす血なまぐさい事件を、失敗に終ったイニシエーション儀礼としてみると了解できることが多い。

このように考えると、われわれ年輩者としては、若者たちのせっかくの無意識的な希求を、何とか高次のものへ発展せしめるために努力すべきであると反省させられる。彼らの「死」が太母への逆行ではなく、成人への再生へとつながるように、その儀礼に参画することを考えるべきである。

母親と恋人

自我確立の神話について、ノイマンが述べているような、「母殺し」を伴う自我の確立は、われわれにとって非常に困難なことである。自我の自立傾向とそれを呑みこもうとする母性との葛藤は、夢のなかでは恋人と母親との間の葛藤として現われるこ

とが多い。次にそのような典型的な夢をひとつあげる。(18)

私はアメリカ人のガールフレンドを愛撫していた。そこへ母親が急に入ってくる。私は母が盲目になっているのを知り、強い悲しみにおそわれる。そして、母が自分が女性と一緒にいるのを気づくのではないかと心配になる。

これはある独身の東洋人の見た夢であるが、この夢について、彼は自分の故郷の民話を連想し、それは若い男女が結婚したいと思うがなかなかできず、最後に結婚できるが母親は盲になる話であるという。この夢では、恋人(しかもアメリカ人の)と母親との葛藤は、むしろ母が盲になることによって避けられ、連想された民話が暗示するように、結婚は成就されるだろうが、母が盲となった悲しみは親子で背負ってゆかねばならない。このように、死や対決を避けた形で、できあがってくる自我は、やはり西洋人の自我とは、そのあり方を随分異にしていると思われる。

ここで母が盲となることは、息子の状態を「見る」こと(つまり「知る」こと)をやめて、それによって平和を保つとも考えられる。そのように考えると、あくまで「知る」ことを求め、知りつくした後に自分の運命を呪って、自らの目を刺して盲となった人、オイディプス王のことが想起される。オイディプスの強烈な悲劇性と、この東洋の盲目の母の物語の深い悲しさは、西洋と東洋の対比を描きだしているように思われる。

盲目は闇の世界を暗示するが、闇の世界に火をもたらすことは、暗闇の母なる世界に父性原理をもたらすものとして、多くの神話の重要なモチーフとなっている。ところで、ギリシャ神話においては、プロメテウスという英雄が神から火を盗みとるのに対して、わが国では、イザナミという太母神が自ら火を生みだし、しかも自分はそのための火傷によって死ぬことになっている。母なる神が自らの犠牲によって、火を生みだしてゆく神話は、母が盲目になることによって、子どもが結婚という幸福をかちとるという主題の原型となっていると考えられる。これに対して、ギリシャでは、ひとりの英雄が神に反逆することによって、火を獲得し、そのためプロメテウスは重い罰に苦しまねばならないのである。

オイディプス王やプロメテウスの物語から感じられる凄まじさは、イニシエーションに伴う試練の凄まじさを連想せしめるが、この点、日本人はイニシエートされているといえるのであろうか。

日本人の自我

ここまで述べてきて、最後に「自我の確立」について筆者の感じている強いジレンマを表明しなければならない。実際、この一文の終りに、日本人の自我の確立が未完成であることを嘆き、母殺しと父殺しの必要性を強調して筆をおくことも可能であろう。あるいは、その方が論旨も明快ということになろう。

しかしながら、筆者の実感はそれを許さない。たとえば、先にあげた盲目のオイディプスと、盲目の母の物語について、「優劣」を論じることは不可能ではないだろうか。実は今までの論議は西洋的な父性原理に基づく自我確立の線に沿ってなしてきたので、日本人の自我の未成熟さを強調するような展開となった。ところで、父性的な自我の確立をつきすすめ、ユングがしばしば強調しているように、ヨーロッパの「土」からさえ切り離されてできたアメリカ人の自我はどうであろうか。その欠点を示す典型的な現象として、アメリカに学校恐怖症が多いという事実をあげておこう。学校恐怖症はわが国にも多く、ともに「母性」の問題に悩んでいるが、そのあり方が全く異なるのである。アメリカは今まであまりにも切り棄ててきた母性をいかに取り戻すかという点で、大きい問題をもっているのに対して、日本では今まであまりにも接触を持ちつづけてきた母性といかに分離するかの問題に悩んでいると考えられる。この点についての詳論は避けるとして、アメリカの状況からみて、あまりにも母から切れた自我の危険性も十分に感じられるのである。この点、永遠の少年について述べたとき、日本の社会は父性原理と母性原理の中間的存在ではないかと指摘しておいたが、それを「永遠の少年」などと呼んだのも、西洋的な観点に立ったからであり、そのためにむしろ否定的な把握の仕方をしたが、ここで観点をまったく変えれば、柔軟性のある、バランスのとれた構造と考えられはしないだろうか。

日本人の自我を父性と母性の両原理のバランスの上に構築されたものとしてみるとき、そのような一見あやふやな自我を支えるものの基礎をどこに求めるべきであろうか。ここで、ノイマンの例にならって、日本人の自我を基礎づけるものとして日本の神話に目を向けてみよう。

はじめに紹介したが、松本滋氏は日本の文化を母性的なものであると述べ、「こういう基本的な価値志向の原型(プロトタイプ)を、私はたとえば日本神話の中でもっとも重要な神であるアマテラス(天照大御神)の神格においてみることができる」と述べている。(19) 確かに、アマテラス神話が、はじめに少し触れたギリシャのエレウシースの秘儀とかなりの共通点を有し、太母神デメーテルの像とアマテラス像が類似性をもつことは、多くの研究者の指摘するところである。(20) 筆者も日本の文化は母性的であるとして論をすすめてきたが、ここで、このような論議にそのまま加担できないのは、アマテラスが太陽神であることにまずこだわるからである。

西洋のシンボリズムにおいて、父性を表わすと考えられる王様―太陽―天―右―(意識)、と、母性を表わす王妃―月―地―左―(無意識)、という一連の結合を考えると、アマテラスはこれらの混合した形で判然としない。彼女は父親の左の目から生まれているのに対し、ツキヨミが右の目から生まれているのである。また、松本氏はアマテラスは裁くとか怒るとか罰する神といったイメージよりは、むしろ、許す、包容する神というイメージが強いと述べているが、スサノオが高天原に上ってくるのをむかえて、男装して弓矢を手にし、庭を力強く踏みたてて、「稜威《いつ》の男建《をたけび》、踏み建《たけ》びて」待った姿などは、どのように説明するのか。このアマテラス像はギリシャのデメーテルよりは、同じ女神でも父親の頭部から鎧兜に身を固め、戦いの叫びをあげて生まれたというアテネの方に近い感じを与えるのである。このように考えはじめると、アマテラスの像は簡単に母性原理の顕現としてみることを許さぬものがある。

さらに、アマテラスの対抗者として、スサノオを考えるならば、ツキヨミの存在をどう考えるか。スサノオが母をしたって泣き叫んだという、母との強い結びつきをどう考えるのかなどと問題は山積していて、今まで述べてきたような観点から、日本神話の総点検をなさなければならないであろう。[21]このようなことの詳論はまた他日を期することとして、今はもう少し基本的なことをつけ加えておきたい。

スサノオの神話は、特にそれにオオクニヌシの物語を補って考えるならば、先に述べたノイマンの自我確立の神話のサイクルを完全に満足せしめるものとして、非常に興味深い。しかし、これはアマテラスを主流としてみるとき、反主流として存在しているのである。それにしても、ひとつの文化が他の文化を駆逐するとき、古い神話を徹底的に破壊してしまう一般の傾向から考えると、[22]このような反主流の神話を残したのみでなく、それをも組みこんで、神話を作りあげた事実の方が珍重すべきことではないだろうか。つまり、日本の神話が、父性原理と母性原理の巧妙なバランスをつくりあげているとみるゆえんである。

このように述べてくると、筆者の感じているジレンマ、父性的な自我の確立に伴う功罪の問題は、次のように結論づけられることになろう。つまり、日本人の自我における父性原理の弱さは、今後の国際交流の必要度の強さから考えても、やはり問題とすべきであろう。そして、現在のわが国の社会的な混乱も、このような観点を導入することによって、より問題が整理され、無用な誤解や争いも減少するであろう。

ここで、われわれは父性原理の確立にもっと努力すべきではあるが、それは単純に西洋のモデルを良しとするわけではない。父性原理を確立しつつ、なおかつ母性とのかかわりを失ってしまわないことも大切ではなかろうかと思われる。この点、日本の神話のもつユニークな構造は、第三の道を拓くものとして、案外興味深い示唆を日本人に対してのみならず、世界に対しても与えるものではなかろうか。

注

(1) 河合隼雄「自我・羞恥・恐怖」、『母性社会日本の病理』中央公論社、一九七六年、所収、を参照。
(2) 松本滋「父性的宗教と母性的宗教——日本文化伝統への一視点」、『UP』一九七四年八・九月号。
(3) 母性のこのような両面性については、E. Neumann, The Great Mother, 1955, 参照。
(4) C. G. Jung, Psychological Aspects of the Mother Archetype, The Collected Works of C. G. Jung, vol. 9, I, p. 82.
(5) 詳細は河合隼雄「無意識の世界—夢分析」、『創造の世界』16号、一九七四年、を参照。
(6) 西郷信綱『古代人と夢』平凡社、一九七二年。
(7) 中根千枝『タテ社会の人間関係』講談社、一九六七年。

(8) E. Neumann, Ursprungsgeschichte des Bewusstseins, 1949.

(9) 大室幹雄「古代中国における歴史と時間——老荘的シンボリズムへの序説」、『思想』一九七四年八月号。

(10) C. G. Jung, Symbols of Transformation, The Collected Works of C. G. Jung, vol. 5, p. 340.

(11) J. Hillman, “Senex and Puer,” Eranos-Jahrbuch XXXVI, pp. 301-360, 1968.

(12) M.-L. von Franz, Puer Aeternus, 1970.

(13) 河合隼雄「浦島と乙姫」、『母性社会日本の病理』中央公論社、一九七六年、所収、を参照。

(14) イザヤ・ベンダサン『日本人とユダヤ人』山本書店、一九七〇年。

(15) 中根千枝、前掲注(7)書。

(16) エリアーデ、堀一郎訳『生と再生』東京大学出版会、一九七一年。

(17) ヘンダーソン、河合隼雄／浪花博訳『夢と神話の世界』新泉社、一九七四年。

(18) 河合隼雄『ユング心理学入門』培風館、一九六七年に既に発表した。そこではヨーロッパ人の夢と対比させて論じてある。

(19) 松本滋、前掲注(2)論文。

(20) たとえば、吉田敦彦『ギリシァ神話と日本神話』みすず書房、一九七四年など。

(21) 筆者はユング研究所で分析家の資格を得るときに、この問題について論じた。H.

Kawai, The Figure of the Sun Goddess in Japanese Mythology, 1965. 河合俊雄ほか訳『日本神話と心の構造』岩波書店、二〇〇九年。

(22) たとえば、南アラビアでは最初、太陽神は女神であったと想像されるが、スメリヤ文化が侵入してきたとき、その神話はまったく放棄されて、現今では知ることができない。S. H. Langdon, "Semitic," Mythology of All Races, vol. 5, 1931.

(初出は『中央公論』一九七五年四月。底本には『河合隼雄著作集10 日本社会とジェンダー』岩波書店、一九九四年、を用いた)

解説

土井隆義

前田敦子さんの不安と自信

アイドルグループＡＫＢ48の中心メンバーだった前田敦子さんが、ファンによる人気投票の総選挙で首位を獲得したとき、ある新聞のインビュー記事でこう語っていた。「プロデューサーにセンターで歌えと言われても、どうして自分なんだろうと不安があった。でもファンに選んでもらって、ここにいていいんだと思えました。」

このプロデューサーとはＡＫＢの生みの親であり、国民的アイドルグループへと育て上げた秋元康さんのことである。その彼からセンターで歌う資格があると評価されても自信にはつながらず、ファンから選ばれて初めて不安を払拭することができた。前田さんはそう吐露する。名プロデューサーの秋元さんであっても集約できないほど、ファンの評価が多種多様になっていることを実感していたからだろう。

ＡＫＢのメンバーにとって秋元さんは神様のような存在であり、彼女たちは尊敬を込めて彼を先生と呼ぶ。ならばその関係を学校の教師と生徒に置き換えてみてもよいだろう。今日の生徒にとって、教師からの評価は自分の大きな自信にはつながらず、むしろクラスメイトからの評価のほうが圧倒的な重さをもつ。前田さんの言葉にはそんな含意があることに気づかされる。

かつて学校の教師とは、社会的な価値観のコンセンサスを体現した存在だった。だからその教師からの評価は、生徒にとって大きな自信の根拠となりえた。それは社会に認められたことと等しかった。しかし、今日では価値観があまりに多元化し、そこにコンセンサスを見出すことが難しくなっている。教師は乱立する価値観のごく一部を体現するにすぎず、相対的にクラスメイトからの評価が重みを帯びてくる。ファン評価の最大公約数である投票結果だけが、前田さんの自信の根拠となったように。

成熟した社会の生きづらさ

現代社会において大人になるとはいったいどういうことだろうか。そこには様々な定義がありうるだろうが、本書が強調するのは相対化の力を修得することである。

本書が語るように「何かを絶対的な善にしたり、絶対的な悪にしたりして行動することは簡単なことである(七頁)」が、それは大人がすべきことではない。「人生のなかに存在する多くの対極に対して、安易に善悪の判断を下すことなく、そのなかに敢えて身を置き、その結果に責任を負うことを決意するとき、その人は大人になっているといっていい(一五四頁)。」

安易に善悪の判断をせず、それらを相対化する眼差しを身につけること。それが大人の条件だとするなら、特定の世界観を人びとに押しつけることなく、様々な価値観の併存を許容するようになった現代社会は、さしずめ大人の社会といってよいだろう。AKB総選挙のようなイベントが人気を博するのも、そこに前田さんが自信の根拠を見出すのも、もはや特定の価値観だけが屹立する社会ではなくなったからである。

では、そんな成熟社会を生きるなかで、現代の青年たちも大人の条件を満たしやすくなったかといえば、そう簡単には問屋が卸さない。社会が成熟すると個人が成熟するのは難しくなる。一般にそういわれることが多いのは、たんに豊かさのなかで子どもが甘やかされて育つからではない。社会が高度化するにつれて市民に求められる要件も高度化するからである。「読み書き算盤」を修得しただけで現代社会を生き抜くことは、たしかに難しい。

しかし、理由はそれだけではない。本書によれば、ここにはもっと本質的な問題がある。現代の青年が大人になりづらいのは、価値観の多元化した現代社会で、「単層的な人生観や、イデオロギーに絶対的に頼るようなことができなくなっているからである。古来から絶対視されてきたものが、絶対ではないことを、彼らはあまりにも多く知りすぎたのである(一五三～四頁)。」

現代人は、このように限りない相対化のなかを生きざるをえなくなっている。だから、高度な教育を受けて高度な能力を身につけ、市民になるための功利的な条件を満たしたとしても、それだけで大人になることは難しい。「生理的・法律的には立派に「大人になる」ことができた人が、社会的・心理的な面から見ると大人にならないままでいることが多く(一三二頁)」なっているのはそのためだろう。

性の早熟化と晩熟化の併存

今日、青年たちの性をめぐって奇妙な事態が起きているといわれる。一部ではその早熟化が進みながら、他方ではその晩熟化が進んでいるのである。しかし、本書が指摘するように、「現代では性の解放という点が浅薄に解釈され、性関係に何らの恐れももたないことや、早くから性関係をもつことが望ましいと考えるような傾向(七三頁)」があるとすれば、一部で性の早熟化が進むのは当然であるし、また同時に「昔に比べて男女の在り方が変化しつつあり、青年たちはお互いがどのように接していいのか解らなくなり、性的関係ということに、あんがい困難がつきまとっている(七二頁)」とすれば、他方でその晩熟化が進むのも当然である。

今日の性の早熟化と晩熟化は、一見すると相反する現象のように映るが、このような観点から眺めれば、じつは同根の現象である。本書の表現を借りれば、「そこにどの程度の精神性が関与してくるかによって、関係の次元が異なってくる(七五頁)」にすぎない。価値観の多元化が進行するなかで、性の解放も進んだ結果、そこにさほど精神性を求めない若者の間では早熟化が進んだ。しかし、そこに精神性を求めようとする若者の間では逆に晩熟化が進んだ。性の自由度が増し、解放されてきたが故に、何を拠り所に関係を紡げばよいのか逆に分かりづらくなったのである。

このような性の晩熟化の傾向は、二一世紀に入って「若者の草食化」と呼ばれるようになり、マスメディアを大いに賑わせてきた。統計を眺めてみると、たしかに二〇〇〇年を越えたあたりから、高校生と大学生の性体験率は男女とも下降傾向にある。他方、中学生ではわずかながら上昇傾向を示しているから、精神性の関与が低い段階では早熟化が進んでいる一方で、そこに精神性を求める年齢層では晩熟化の傾向が強まっているといえる。

このように見ると、今日の性の晩熟化も、それだけ青年が大人になることの難しさを反映したものと捉えることができるだろう。生理的には早期に大人になり、それを許容する社会的風潮もありながら、しかし心理的には大人になりづらくなっているのである。もはや単層的な人生観では相手とつながることが難しくなっているからである。本書が書かれたのは一九八三年であるが、その射程は現在にまでじゅうぶん届いているようである。

青年の変革志向と安定志向

ただ、本書が出版された後も、時代精神はさらに速度を上げつつ変化しつづけてきたから、現状分析の書としてみた場合には、本書にもやや時代遅れを感じさせる部分がある。たとえば、本書には次のような記述がある。

「青年期においては、ともかく強い変動が内的に生じているので、何か新しいもの、何か変化するものを求める傾向が強くなるのは当然である。青年期の初期においては、それは極端な場合、たとえ事態が悪くなろうとも、何らかの変化であれば歓迎したいというほどのものになる。「大人たち」の好きな安定ということが、もっとも我慢らないのである。このような強い変革願望を、社会というある程度できあがっているシステムのなかに、どのようにもちこむか、ということが青年期の課題なのである

（二一七〜八頁）。」

前世紀の青年たちは、たしかに本書が語るように変革願望を強く抱いていたかもしれない。しかし、諸価値の乱立を含みながら社会の流動化がますます加速しつづけた結果、今世紀の青年たちはむしろその拠り所のなさに戸惑いを強く感じるようになっている。いわゆる新自由主義がわが国を席巻して以降の青年たちは、とりわけその傾向を強めているようである。

日本青少年研究所が高校生を対象に行なってきた調査の結果によれば、「現状を変えようとするより、そのまま受け入れる方が楽に暮らせる」と答えた高校生は、一九八〇年の時点では約二五パーセントにすぎなかったが、二〇〇二年には約四二パーセントに増え、二〇一一年には約五七パーセントと半数を超えるまでになっている。社会が「ある程度できあがっているシステム」として感受されるとき、そこへの新参者は新たな変革を求めるだろう。しかし、「つねに流動していくシステム」として感受されるとき、そこへの新参者はむしろ安定した拠り所を求めるようになる。

近年のインターネットの普及は、多種多様な人びとが時空間の制約を超えて互いにつながりあうことを可能にした。しかし、今日の青年たちの間でネット依存が問題とされる背景にあるのは、そうした異質な他者とのつながりへの没入ではない。むしろ同じ学校や地元の友だちのように身近で同質な他者とのつながりへの没入である。インターネットは、類似した仲間どうしが時空間の制約を超えて常につながりつづけることも容易にしたからである。

社会の流動化が進み、善悪の基準も曖昧になっていくなかで、今日の青年たちは、価値観を共有しうる相手だけと関係を紡ぎ、そこで世界を閉じることで、安定した拠り所を確保しようとする傾向を強めているようである。白黒のはっきりした絶対的な基準をそこに求めようとしているのである。先ほど触れた性の晩熟化も、あるいはそのような視点から捉え直すことができるかもしれない。友人と恋人とを問わず、新たな出会いとその関係の深化は、自らの生き方にも変革を迫るものだからである。

固着した絆がはらむ危うさ

本書によれば、安易に善悪の判断をせず、それらを相対化する眼差しを身につけることが大人の条件だった。だとすれば、現代社会が様々な価値観を受け入れ、大人の社会へと成熟していくにつれ、そのなかを生きる個人の側では、むしろ以前にも増して子ども化が進んでいるといえるだろう。価値観を一元化しようとする心性をそこに見てとることができるからである。

もっとも、さすがに本書はクラシックに属する書であるから、そういった関係のはらむ危うさについてもきちんと触れている。「このような友人との連帯感は、ただそれだけに終るときは、本質的には母子一体感とよく似たものとして、むしろ、青年の成長を阻むものとして作用するときがある(九三〜四頁)」と指摘するのである。なぜなら、そこには「影の共有」も成立しやすいからである。

本書はこう語る。「友人関係はいろいろな要素から成り立っている。関係の緊密さという点にのみ目を向けるとき、それは非常によい関係であるかのように見えるが、実のところお互いの成長を妨害し(九六頁)」かねない部分もある。「われわれは自分の克服しなくてはならない影の部分に対して、それと直面する苦しさをまぎらわすために、影の部分を共有する人間関係をもち、自分の影の部分を不問にして、他人を笑いものにしたり、他人を攻撃したりして「固い友情」を誇っているときがある(九七頁)」というのである。

さらに本書はこう続ける。「人間は誰しも影の部分をもっているし、弱くもあるから、どこかで影の共有的人間関係をもたないと苦しくて生きてゆけぬことも事実である。しかし、いつまでもそれに甘んじていてはならないのである。そのような関係が変えられてゆくときに、……一時的に友人関係を切ってしまおうと思うほどの孤独が感じられ、次にそれをバネとして新しい連帯感が生まれてくる(九七〜八頁)」。したがって、「大人であるということは、孤独に耐えられることだ、ともいえるし、いろいろな人と共に連帯してゆけることだ、ということもできる(九二〜三頁)」のである。

同様のことは、親子関係についても当てはまるだろう。本書には、我が子の問題行動を相談するために訪れた母親が語ったという印象的な言葉が紹介されている。「今までは手を伸ばせば、手の届くところにいると思っていた子どもが、いくら手を伸ばしても届かない、別の世界に行ってしまったように感じる(八頁)」というのである。それに対して、本書は、「親子の絆は切断と修復の繰り返しによって、前よりも深いものへと変ってゆくものである。われわれが絆の強さの方にとらわれすぎると、それは相手の自由をしばるものになりがちである。深い絆は相手の自由を許しつつ、なお絆の存在に対する信頼をもつことができる。しかし、われわれは絆を深いものとするためには、切断の悲しみを経験し、それを超える努力を払わねばならぬ(一一頁)」と助言する。絆の質を変えるためにはその切断も必要である。固着した絆にこだわることの危うさは、友人関係でも親子関係でも変わらない。

個の倫理と場の倫理の混乱

さて、このような観点から今日の社会を見つめ直してみると、子どもへと退行しているのは青年だけでないことに気づく。「自分の影の部分を不問にして、他人を笑いものにしたり、他人を攻撃したりして「固い友情」を誇っている」という本書の記述から想起される今日の現象の一つは、おそらくいじめ問題だろう。では、大人と呼ばれる私たちは、これまでいじめ問題に対してどのような態度をとってきただろうか。

一九八〇年代以降、わが国のいじめ認知件数は、被害生徒の自殺事件が起きると急激に増え、その後しばらくして減りはじめ、また事件を契機に増えるという変動を数年おきに繰り返してきた。したがって、この数字は、いじめの実態の変化を反映したものというより、それを認知する側の態度変化を反映したものといえる。ところが一般的に、件数が増えたときはそれを眼差しの強化によるものと認識しやすいのに対し、件数が減ったときはあたかも実態の反映であるかのように錯覚してしまいやすい。

その理由の一つとして考えられるのは、いじめ問題を抑え込むために、その撲滅運動を繰り広げてきたという自負だろう。件数が減ったのは自分たちの努力の賜物だと思いたいのである。しかし、いじめとは本当にそんな運動で解決されるようなものなのだろうか。私は、このような運動を見聞するにつけ、むしろ居心地の悪さを覚えてしまう。いじめを生みだす場の力学と同じ性質の空気をそこに感じるからである。

本書にはこんな指摘がある。「われわれは他人を非難するときは知的機能に頼りやすいので、「頭」に覚えこんでいる西洋流の考えを使いやすい……が、いざ「生きる」となると、それまでの「体」にしみついていることが出やすいので、日本流に行動してしまうことになるということである。これを「子育て」という点からいえば、われわれは子どもを育てるときの基本姿勢としては、知らず知らずに日本流にやっていながら、知的には西洋流にやっていることを反省すべきではなかろうか(一〇七～八頁)。」

「いじめの撲滅だって？　そんなくだらないこと、やってられねえよ」などとうそぶく子どもを前にしたとき、私たち大人はどう反応してきただろうか。「なに言ってるんだ、みんなで運動を盛り上げないと駄目だろう！」と、一致団結を強要してきたのではないだろうか。本書に加えられた補論の用語を借りるなら、私たちは教育を行なうとき、知的なレベルにおいては西洋流の「個の倫理」に訴えようとする。しかし、実践のレベルでは「場の倫理」を優先させてしまう(一六五頁)。ところで、このような「周囲のみんなに合わせて仲良く付き合わなければならない」という同調圧力こそ、いじめの根底に潜んでいるものではなかっただろうか。

いじめ対策なるものの胡散臭さについては、コレクションⅣの『子どもと悪』に詳しいので、ぜひそちらをお読みいただきたいが、そこにはこんな記述がある。「いじめは「悪」と大人は言う。しかし、それを「チクル」ことは子ども社会においては「悪」である（一四〇頁）」。欧米のいじめと比較した場合、日本のそれには傍観者が多いとしばしば指摘される。しかし、本書の視点に立てば、それも当然のことだといえる。「個の倫理」に従えば、発見した悪は糾弾すべきだが、そのような振る舞いは「場の倫理」に抵触してしまうことになるからである。

このように、ことの善悪はそれほど単純ではない。一方的にいじめを悪と糾弾し、それをたんに切り捨てようとするだけでは、子どもたちの生きづらさは解消されえない。道徳論に還元してしまっては、むしろ子どもたちをさらに追い込むだけである。そんな単純な勧善懲悪では、とても大人の対応とはいえない。この文章の冒頭で示唆したように、今日の学校ではクラスメイトからの評価こそが絶対的な価値をもつようになっている。だから、いじめは良くないと分かっていても「場の倫理」を優先せざるをえないのである。私たちは、自らの価値観を子どもに押しつけるのではなく、まずは子どもと同じその地平に立ってみることから対話を始めなければならない。

「わがこと」として生きる

本書は、日本流が悪くて西洋流が良いなどと短絡的に述べているわけではない。自らの生き方を省みることなく、子どもを一方的に糾弾する態度を戒めているのである。「われわれにとって今もっとも大切なことは、従うべきモデルが無いことを、はっきりと認識することではなかろうか。モデルが明確に存在するとき、ある程度ハウ・ツー式のことがいえるはずである。現在、「大人になること」について、これほど語ることが難しく、ハウ・ツー式のことが述べにくいのも、結局はモデルが無いからである。昔からの日本流も駄目だし、西洋流も駄目なのである。……モデルが無いことを認識し、モデルの無いところで自分なりの生き方を探ってゆこうとし、それに対して責任を負える人が大人である、といえるのではなかろうか(二〇九頁)」と。

秋葉原連続殺傷事件など、昨今の青年による無差別殺人を振り返ってみると、「新聞をにぎわす血なまぐさい事件を、失敗に終ったイニシエーション儀礼としてみると了解できることが多い(一八一頁)」という本書の指摘には、なるほどその通りだと合点させられる。しかし、どうやら大人になれなかったのは彼らだけではないようである。流動化が進行する社会への反動として一元的な価値を追い求め、固く閉じた絆を復活させることで、その安定した基盤を確保しようとする今日の風潮を省みたとき、じつは私たち自身もいまだにイニシエーション儀礼を終えていないのではないかという疑念を抱かざるをえない。

そうしてみると本書の射程は思いのほか広く、子どもの教育問題に限らないことに改めて気づかされる。「単純に他人を非難せず、生じてきたすべての事象を「わがこと」として引き受ける力をもつことこそ、大人であるための条件である(一〇一頁)」のなら、それはまたヘイトスピーチなどに見られる今日の排外主義へと向けた忠言にもなりうるだろう。現実の社会を構成しているのは私たち個々人である。だとすれば、現在の日本は、じつはいまだ真に成熟した社会とはいえないのかもしれない。いや、「現在の日本は」などと他人事のように述べてはならない。この言葉をまさに「わがこと」として私自身が引き受け、肝に銘じておかねばならないと思う。

最後に一言。本書には、作品としてのファンタジーはいっさい取り上げられていない。しかし、このたび「子どもとファンタジー」のコレクションの一冊に本書が加えられたのは、まさに編者の卓見だと思う。読者に対して特定の世界観を押しつけないところに、安易に善悪の規準を指し示さないところに、ファンタジーの魅力はあるといえるのだから。

（どい・たかよし　筑波大学人文社会系教授）

〈子どもとファンタジー〉コレクション
刊行によせて

このコレクションは、父河合隼雄が「子ども」や「ファンタジー」をテーマにして著した本を集めたもので、〈心理療法〉コレクションに続くものになっている。

心理療法家であった河合隼雄にとって、子どもというのはもちろん重要なテーマである。チューリッヒでユング派分析家資格を取得して一九六五年に帰国した後に、真っ先に直面したのは不登校の子どもたちである。「肉の渦」の夢を語ってくれた少年に出会い、そこから個人的な母子関係を超えた、日本における普遍的な母なるものの強さと破壊性と取り組まざるをえなくなったのも、「子ども」というテーマの持つ重要性と広がりを示している。このコレクションでも、『子どもと悪』『大人になることのむずかしさ』において、心理療法から見えてきた子どもの問題、さらには子どもという存在の本質についての考え方が展開されている。

しかしこのコレクションの最初の三冊である『子どもの本を読む』『ファンタジー

を読む』『物語とふしぎ』は、主として「児童文学」と言われる様々な作品についての河合隼雄の読みと解釈から成り立っている。児童文学といっても、河合隼雄がくり返し述べているように、それは子どものための本というのではない。それは大人にも読めるものであって、複雑な技巧を凝らした文芸作品よりも、はるかに「たましいの真実」にふれていると考えられる。「七歳までは神のうち」と言われるように、子どもは神に近く、たましいに近い。それは河合隼雄の表現では、子どもにとって現実の多層性がファンタジーとして現れてきやすいことに示されている。その意味で「子ども」というのは対象ではなくて、「大人の濁った目よりも、子どもの澄んだ目で見る方が」たましいの真実がよく見えてくるとされているように、視点であり、主体なのである。また、子どもの本を読むということが、心理療法でクライエントに会うということに通じているという説明も、納得させられるところである。

このように「子ども」というのが河合隼雄にとってとても重要なテーマであったことがわかり、著作集においても計三巻に、「子ども」という言葉がタイトルに入っており、その他の巻でも子どもに関連するものが多い。その意味で〈子どもとファンタジー〉コレクションとして一連の著作をまとまって手に入れやすい形で提供できる意義は大きいと思われる。ただ『子どもの宇宙』は、このテーマに関するものの中で非常に重要であるけれども、新書で出版されているので、ここには含まれていない。また『大人になることのむずかしさ』と『青春の夢と遊び』は、子どもだけでなくて、青年期をテーマにしたものである。

今年は河合隼雄七回忌を迎える。本コレクションがそれを記念するものの一つとなれば幸いである。岩波書店以外で最初に出版されたものについては、版権の承諾に関して講談社にご理解をいただき、感謝している。また多忙にもかかわらず各巻の解説を快く引き受けていただいた方々、それに企画、様々なチェックをはじめお世話になった岩波書店の佐藤司さんに、こころから感謝したい。

二〇一三年五月吉日

河合俊雄

本書は岩波書店より一九八三年にシリーズ「子どもと教育を考える」の一冊として、次いで新装版が一九九六年にシリーズ「子どもと教育」の一冊として、刊行された。文庫化にあたり補論として「母性社会日本の〝永遠の少年〟たち」を新たに収録した。

〈子どもとファンタジー〉コレクションV

大人になることのむずかしさ

2014年2月14日　第1刷発行
2018年2月5日　第5刷発行

著　者　河合隼雄《かわいはやお》

編　者　河合俊雄《かわいとしお》

発行者　岡本　厚

発行所　株式会社　岩波書店
〒101-8002 東京都千代田区一ツ橋 2-5-5

案内 03-5210-4000　営業部 03-5210-4111
現代文庫編集部 03-5210-4136
http://www.iwanami.co.jp/

印刷・精興社　製本・中永製本

ISBN 978-4-00-603258-6　　Printed in Japan

岩波現代文庫の発足に際して

新しい世紀が目前に迫っている。しかし二〇世紀は、戦争、貧困、差別と抑圧、民族間の憎悪等に対して本質的な解決策を見いだすことができなかったばかりか、文明の名による自然破壊は人類の存続を脅かすまでに拡大した。一方、第二次大戦後より半世紀余の間、ひたすら追い求めてきた物質的豊かさが必ずしも真の幸福に直結せず、むしろ社会のありかたを歪め、人間精神の荒廃をもたらすという逆説を、われわれは人類史上はじめて痛切に体験した。

それゆえ先人たちが第二次世界大戦後の諸問題といかに取り組み、思考し、解決を模索したかの軌跡を読みとくことは、今日の緊急の課題であるにとどまらず、将来にわたって必須の知的営為となるはずである。幸いわれわれの前には、この時代の様ざまな葛藤から生まれた、人文、社会、自然諸科学をはじめ、文学作品、ヒューマン・ドキュメントにいたる広範な分野のすぐれた成果の蓄積が存在する。

岩波現代文庫は、これらの学問的、文芸的な達成を、日本人の思索に切実な影響を与えた諸外国の著作とともに、厳選して収録し、次代に手渡していこうという目的をもって発刊される。いまや、次々に生起する大小の悲喜劇に対してわれわれは傍観者であることは許されない。一人ひとりが生活と思想を再構築すべき時である。

岩波現代文庫は、戦後日本人の知的自叙伝ともいうべき書物群であり、現状に甘んずることなく困難な事態に正対して、持続的に思考し、未来を拓こうとする同時代人の糧となるであろう。

（二〇〇〇年一月）

岩波現代文庫［社会］

S255
〈子どもとファンタジー〉コレクションⅡ
ファンタジーを読む
河合隼雄
河合俊雄編

ファンタジー文学は空想への逃避ではなく、時に現実への挑戦ですらある。心理療法家が、ル＝グウィンら八人のすぐれた作品を読む。〈解説〉河合俊雄

S256
〈子どもとファンタジー〉コレクションⅢ
物語とふしぎ
河合隼雄
河合俊雄編

人は深い体験を他の人に伝えるために物語をつくった。児童文学の名作を紹介しつつ、子どもと物語を結ぶ「ふしぎ」について考える。〈解説〉小澤征良

S257
〈子どもとファンタジー〉コレクションⅣ
子どもと悪
河合隼雄
河合俊雄編

創造的な子どもを悪とすることがある。理屈ぬきに許されない悪もある。悪という永遠のテーマを、子どもの問題として深く問い直す。〈解説〉岩宮恵子

S258
〈子どもとファンタジー〉コレクションⅤ
大人になることのむずかしさ
河合隼雄
河合俊雄編

カウンセラーとしての豊かな体験をもとに、現代の青年が直面している諸問題を掘り下げ、大人がつきつけられている課題を探る。〈解説〉土井隆義

S259
〈子どもとファンタジー〉コレクションⅥ
青春の夢と遊び
河合隼雄
河合俊雄編

文学作品を素材に、青春の現実、夢、遊び、性、挫折、死、青春との別離などを論じ、人間としての成長、生きる意味について考える。〈解説〉河合俊雄

2018. 1

岩波現代文庫［社会］

S260
世阿弥の言葉
―心の糧、創造の糧―
土屋恵一郎

世阿弥の花伝書は人気を競う能の戦略書である。能役者が年齢とともに試練を乗り超えるためのその言葉は、現代人の心に響く。

S261
戦争とたたかう
―憲法学者・久田栄正のルソン戦体験―
水島朝穂

軍隊での人間性否定に抵抗し、凄惨な戦場でも戦争に抗い続けられたのはなぜか。稀有な従軍体験を経て、平和憲法に辿りつく感動の軌跡。いま戦場を再現・再考する。

S262
過労死は何を告発しているか
―現代日本の企業と労働―
森岡孝二

なぜ日本人は死ぬまで働くのか。株式会社論、労働時間論の視角から、働きすぎのメカニズムを検証し、過労死を減らす方策を展望する。

S263
ゾルゲ事件とは何か
チャルマーズ・ジョンソン
篠﨑務訳

尾崎秀実とリヒアルト・ゾルゲはいかに出会い、なぜ死刑となったか。本書は二人の人間像を解明し、事件の全体像に迫った名著増補版の初訳。〈解説〉加藤哲郎

S264
あたらしい憲法のはなし 他二篇
―付 英文対訳日本国憲法―
高見勝利編

日本国憲法が公布、施行された年に作られた「あたらしい憲法のはなし」「新しい憲法 明るい生活」「新憲法の解説」の三篇を収録。

2018. 1

S265
日本の農山村をどう再生するか
保母武彦

過疎地域が蘇えるために有効なプログラムが求められている。本書は北海道下川町、島根県海士町など全国の先進的な最新事例を紹介し、具体的な知恵を伝授する。

S266
古武術に学ぶ身体操法
甲野善紀

桑田投手が復活した要因とは何か。「ためない、ひねらない、うねらない」、著者が提唱する身体操法は、誰もが驚く効果を発揮して各界の注目を集める。〈解説〉森田真生

S267
都立朝鮮人学校の日本人教師
―一九五〇―一九五五―
梶井陟

朝鮮人の子どもたちにも日本人の子どもたちと同じように学ぶ権利がある！　冷戦下、廃校への圧力に抗して闘った貴重な記録。〈解説〉田中宏

S268
医学するこころ
―オスラー博士の生涯―
日野原重明

近代アメリカ医学の開拓者であり、患者の心を大切にした医師、ウィリアム・オスラー。その医の精神と人生観を範とした若き医学徒だった筆者の手になる伝記が復活。

S269
喪の途上にて
―大事故遺族の悲哀の研究―
野田正彰

かけがえのない人の突然の死を、遺された人はどう受け容れるのか。日航ジャンボ機墜落事故などの遺族の喪の過程をたどり、悲しみの意味を問う。

2018. 1

岩波現代文庫[社会]

S270
時代を読む
―「民族」「人権」再考―
加藤周一
樋口陽一

「解釈改憲」の動きと日本の人権と民主主義の状況について、二人の碩学が西欧、アジアをふまえた複眼思考で語り合う白熱の対論。

S271
「日本国憲法」を読み直す
井上ひさし
樋口陽一

日本国憲法は押し付けられたもので時代にそぐわないから改正すべきか？ 同年生まれで敗戦の少国民体験を共有する作家と憲法学者が熱く語り合う。

S272
関東大震災と中国人
―王希天事件を追跡する―
田原洋

関東大震災の時、虐殺された日本在住中国人のリーダーで、周恩来の親友だった王希天の死の真相に迫る。政府ぐるみの隠蔽工作を明らかにするドキュメンタリー。改訂版。

S273
NHKと政治権力
―番組改変事件当事者の証言―
永田浩三

NHK最高幹部への政治的圧力で慰安婦問題を扱った番組はどう改変されたか。プロデューサーによる渾身の証言はNHKの現在をも問う。各種資料を収録した決定版。

S274-275
丸山眞男座談セレクション(上・下)
丸山眞男
平石直昭編

人と語り合うことをこよなく愛した丸山眞男氏。知性と感性の響き合うこれら闊達な座談の中から十七篇を精選。類いまれな同時代史が立ち上がる。

2018.1

S276
ひとり起つ
―私の会った反骨の人―
鎌田慧

組織や権力にこびずに自らの道を疾走し続けた著名人二二人の挑戦。灰谷健次郎、家永三郎、戸村一作、高木仁三郎、斎藤茂男他、今も傑出した存在感を放つ人々との対話。

S277
民意のつくられかた
斎藤貴男

原発への支持や、道路建設、五輪招致など、国策・政策の遂行にむけ、いかに世論が誘導・操作されるかを浮彫りにした衝撃のルポ。

S278
インドネシア・スンダ世界に暮らす
村井吉敬

激変していく直前の西ジャワ地方に生きる市井の人々の息遣いが濃厚に伝わる希有な現地調査と観察記録。一九七八年の初々しい著者デビュー作。〈解説〉後藤乾一

S279
老いの空白
鷲田清一

〈老い〉はほんとうに「問題」なのか？　身近な問題を哲学的に論じてきた第一線の哲学者が、超高齢化という現代社会の難問に挑む。

S280
チェンジング・ブルー
―気候変動の謎に迫る―
大河内直彦

地球の気候はこれからどう変わるのか。謎の解明にいどむ科学者たちのドラマをスリリングに描く。講談社科学出版賞受賞作。
〈解説〉成毛眞

岩波現代文庫［社会］

S281
ゆびさきの宇宙
福島智・盲ろうを生きて
生井久美子
盲ろう者として幾多のバリアを突破してきた東大教授・福島智の生き方に魅せられたジャーナリストが密着、その軌跡と思想を語る。

S282
釜ケ崎と福音
—神は貧しく小さくされた者と共に—
本田哲郎
神の選びは社会的に貧しく小さくされた者の中にこそある！　釜ケ崎の労働者たちと共に二十年を過ごした神父の、実体験に基づく独自の聖書解釈。

S283
考古学で現代を見る
田中琢
新発掘で本当は何が「わかった」といえるか？　考古学とナショナリズムとの危うい関係とは？　発掘の楽しさと現代とのかかわりを語るエッセイ集。〈解説〉広瀬和雄

S284
家事の政治学
柏木博
急速に規格化・商品化が進む近代社会の軌跡と重なる「家事労働からの解放」の夢。家庭という空間と国家、性差、貧富などとの関わりを浮き彫りにする社会論。

S285
河合隼雄の読書人生
—深層意識への道—
河合隼雄
臨床心理学のパイオニアの人生に影響をおよぼした本とは？　読書を通して著者が自らの人生を振り返る、自伝でもある読書ガイド。
〈解説〉河合俊雄

2018. 1

S286
平和は「退屈」ですか
—元ひめゆり学徒と若者たちの五〇〇日—
下嶋哲朗

沖縄戦の体験を、高校生と大学生が語り継ぐプロジェクトの試行錯誤の日々を描く。社会人となった若者たちに改めて取材した新稿を付す。

S287
野口体操入門
—からだからのメッセージ—
羽鳥操

「人間のからだの主体は脳でなく、体液である」という身体哲学をもとに生まれた野口体操。その理論と実践方法を多数の写真で解説。

S288
日本海軍はなぜ過ったか
—海軍反省会四〇〇時間の証言より—
澤地久枝
半藤一利
戸髙一成

勝算もなく、戦争へ突き進んでいったのはなぜか。「勢いに流されて——」。いま明かされる海軍トップエリートたちの生の声。肉声の証言がもたらした衝撃をめぐる白熱の議論。

S289-290
アジア・太平洋戦争史（上・下）
—同時代人はどう見ていたか—
山中恒

いったい何が自分を軍国少年に育て上げたのか。三〇年来の疑問を抱いて、戦時下の出版物を渉猟し書き下ろした、あの戦争の通史。

S291
戦下のレシピ
—太平洋戦争下の食を知る—
斎藤美奈子

十五年戦争下の婦人雑誌に掲載された料理記事を通して、銃後の暮らしや戦争について知るための「読めて使える」ガイドブック。文庫版では占領期の食糧事情について付記した。

岩波現代文庫[社会]

S292
食べかた上手だった日本人
―よみがえる昭和モダン時代の知恵―
魚柄仁之助

八〇年前の日本にあった、モダン食生活のユートピア。食料クライシスを生き抜くための知恵と技術を、大量の資料を駆使して復元!

S293
新版 報復ではなく和解を
―ヒロシマから世界へ―
秋葉忠利

長年、被爆者のメッセージを伝え、平和活動を続けてきた秋葉忠利氏の講演録。好評を博した旧版に三・一一以後の講演三本を加えた。

S294
新島襄
和田洋一

キリスト教を深く理解することで、日本の近代思想に大きな影響を与えた宗教家・教育家、新島襄の生涯と思想を理解するための最良の評伝。〈解説〉佐藤 優

S295
戦争は女の顔をしていない
スヴェトラーナ・アレクシエーヴィチ
三浦みどり訳

ソ連では第二次世界大戦で百万人をこえる女性が従軍した。その五百人以上にインタビューした、ノーベル文学賞作家のデビュー作にして主著。〈解説〉澤地久枝

S296
ボタン穴から見た戦争
―白ロシアの子供たちの証言―
スヴェトラーナ・アレクシエーヴィチ
三浦みどり訳

一九四一年にソ連白ロシアで十五歳以下の子供だった人たちに、約四十年後、戦争の記憶がどう刻まれているかをインタビューした戦争証言集。〈解説〉沼野充義

2018. 1